PUBLICATIONS DE L'ÉCOLE DES LANGUES ORIENTALES VIVANTES

HISTOIRE UNIVERSELLE

PAR

ETIENNE AÇOGH'IG DE DARON

Traduite de l'arménien et annotée

PAR

E. DULAURIER

MEMBRE DE L'INSTITUT

PROFESSEUR A L'ÉCOLE DES LANGUES ORIENTALES VIVANTES

PREMIÈRE PARTIE

PARIS

ERNEST LEROUX, ÉDITEUR

LIBRAIRE DE LA SOCIÉTÉ ASIATIQUE

DE L'ÉCOLE DES LANGUES ORIENTALES VIVANTES, ETC.

28, RUE BONAPARTE, 28

1883

PUBLICATIONS

DE L'ÉCOLE DES LANGUES ORIENTALES VIVANTES

XVIII

HISTOIRE UNIVERSELLE

PAR

'AÇOGH'IG DE DARON

HISTOIRE UNIVERSELLE

PAR

ETIENNE AÇOGH'IG DE DARON

Traduite de l'arménien et annotée

PAR

E. DULAURIER

MEMBRE DE L'INSTITUT

PROFESSEUR A L'ÉCOLE DES LANGUES ORIENTALES VIVANTES

PREMIÈRE PARTIE

PARIS

ERNEST LEROUX, ÉDITEUR

LIBRAIRE DE LA SOCIÉTÉ ASIATIQUE

DE L'ÉCOLE DES LANGUES ORIENTALES VIVANTES, ETC.

28, RUE BONAPARTE, 28

1883

AVERTISSEMENT

La traduction de l'*Histoire universelle* d'Étienne Açogh'ig de Daron a été laissée inachevée par le regretté M. Dulaurier, décédé le 21 décembre 1881. La première partie, que nous publions aujourd'hui, a été imprimée entièrement sous sa direction. Le bon à tirer des dernières feuilles à pu être donné par lui, malgré son état de souffrance.

M. A. Carrière, secrétaire de l'École des langues orientales vivantes, chargé de terminer la traduction, joindra à son travail une introduction à l'œuvre d'Açogh'ig et une notice sur la vie et les travaux de M. E. Dulaurier. Cette seconde et dernière partie paraîtra dans le courant de la présente année.

L'ÉDITEUR.

PREMIÈRE PARTIE

TABLE

DES CHAPITRES DU LIVRE PREMIER (1)

CHAPITRE Ier. — *Les Historiens des nations étrangères (2) et préface.*

CHAPITRE II. — *Les Ptolémées (3), souverains de l'Égypte.*

CHAPITRE III. — *Chefs des Hébreux de l'ordre sacerdotal, qui gouvernèrent le peuple, après le retour de la captivité.*

CHAPITRE IV. — *Rois des Assyriens, des Mèdes (4) et des Perses.*

CHAPITRE V. — *Rois arsacides (5) d'Arménie.*

HISTOIRE UNIVERSELLE

D'ÉTIENNE AÇOGH'IG DE DARON

LIVRE PREMIER

CHAPITRE PREMIER

LES HISTORIENS DES NATIONS ÉTRANGÈRES ET PRÉFACE

Honorés de la grâce divine, les poëtes et les littérateurs (1)
de l'Arménie et des autres nations, jaloux d'imiter les
Prophètes, dont la parole a été inspirée par l'Esprit-Saint,
ont, à leur exemple, commencé leurs récits au principe des
choses, à partir de la création. Ils ont transmis aux générations futures la mémoire des événements passés, dans
une narration savante, développée avec suite et vérité, depuis le premier homme jusqu'aux âges où ces écrivains
ont vécu. Ainsi Moïse, cet homme de Dieu, a raconté en
cinq livres l'histoire de la création et de la religion des générations primitives, en continuant jusqu'à son époque.
Nous avons aussi le livre de Josué, et ceux de Jéhu, fils de
Hanan, qui composa les deux [premiers] livres des Rois, et
Jérémie, qui est l'auteur des deux autres (2); ensuite
viennent les Paralipomènes; Esdras et Néhémie, qui ont

retracé les faits mémorables survenus à Babylone (3), la restauration du Temple et la reconstruction de Jérusalem. Après eux, dans l'ordre des temps, il y a l'histoire des Machabées (4), dont l'époque est voisine de la naissance du Christ, histoire dont Josèphe s'est fait le narrateur (5). Pareillement, il s'est rencontré, après la venue du Verbe incarné, des hommes favorisés des dons de l'intelligence, qui ont consigné dans de remarquables compositions, les noms et les dates des souverains, avec la mention des événements contemporains dignes de souvenir, comme Eusèbe Pamphile (5), le véritable chronologiste, qui a commencé son ouvrage au moment où le premier homme sortit du jardin de délices, et l'a terminé à la célébration de la vingtième année du règne de l'empereur Constantin le Grand. Après Eusèbe (6), nous citerons Socrate (7). Il y a encore une foule d'autres historiens chez les Grecs; mais ces deux derniers sont semblables aux deux astres principaux du firmament, qui l'emportent sur tous par leur éclat.

Parmi nous, Arméniens, le premier de nos historiens est l'excellent Agathange, qui nous apprend les admirables prodiges qu'opéra saint Grégoire, les tourments qu'il endura et la conversion de notre pays au culte du vrai Dieu (8). Après lui, nous avons le grand Moïse [de Khoren], qui est l'égal d'Eusèbe et qui a été surnommé *le Père des lettrés* (9); le vartabed (docteur en théologie) Élisée, qui a écrit le récit de la guerre de Vartan et de ses compagnons [d'armes], des supplices et du martyre des saints prêtres (10); Lazare de Ph'arbe, l'éloquent historien (11); Faustus, appelé aussi Byzant (le Byzantin) (12); l'évêque Sébêos, auteur de l'histoire d'Héraclius (13); Léonce, le Prêtre, qui nous a fait connaître les invasions des Dadjigs (Arabes) et les maux que leur tyrannie infligea à l'Arménie (14); enfin, et dans ces derniers temps, Schabouh (Sapor) le Bagratide (15); et le seigneur Jean, catholicos (patriarche) d'Arménie, qui ont été contemporains d'Aschod et de Sempad, premiers rois de la dynastie des Bagratides (16).

A mon tour, après avoir recueilli, dans tous ces auteurs, comme dans de vastes prairies, comme sur des montagnes entrecoupées de vallées, des fleurs agréables à la vue par leurs brillantes couleurs, et à l'odorat par leurs parfums, je te les offre en cadeau, homme pieux; je les présente à ton esprit curieux d'apprendre, d'après l'ordre pressant que tu m'en as donné et auquel je soumets ma volonté, ô toi, le sage des sages, toi que Dieu a orné de ses dons et qui, pour la noblesse de tes vertus, es honoré plus que tous, ô seigneur Sarkis (Serge) (17).

Nous commencerons notre récit dès le principe, lorsque notre premier père quitta le paradis et prit possession de la terre couverte d'épines (18). Voici comment on fait le calcul de ces temps.

En l'année 75 de la vie d'Abraham, Dieu se révéla à lui, et promit de donner à sa postérité la terre de la Bonne-Nouvelle (19). Il y a ainsi, depuis la naissance d'Abraham 75 ans, et, depuis cette soixante-quinzième année jusqu'à la sortie d'Egypte, 430 ans. C'est ce qu'atteste l'Apôtre en disant : « Le Testament autrefois confirmé par Dieu n'a pu être aboli par la Loi, établie quatre cent trente ans après (20). » Il est évident que, depuis la naissance d'Abraham jusqu'à Moïse et la sortie d'Egypte, il s'est écoulé 505 ans comptés de la manière suivante : Abraham, âgé de cent ans, engendra Isaac. Isaac, âgé de soixante ans, engendra Jacob.

Jacob, âgé de quatre-vingts ans, engendra Lévi. Lévi, âgé de quarante-six ans, engendra Caath. Caath, âgé de soixante-trois ans, engendra Amran. Amran, âgé de soixante-dix ans, engendra Moïse, de Jocabed sa femme. Moïse, âgé de quatre-vingts ans, emmena le peuple hors de l'Egypte. En somme, depuis la première année d'Abraham, jusqu'à l'Exode, 505 ans (21); depuis Adam, 3809 ans (22).

Cette supputation d'un homme si digne de foi (23) s'appuie sur des cycles qui cadrent entre eux : car il fait concorder exactement ces 3809 ans, avec le 13 de Niçan (24), où eut lieu la sortie de l'Egypte. Depuis lors jusqu'à la construction du Temple, il y a, suivant Origène (25) et Ananie de Schirag (26), 490 ans, tout en retranchant le temps pendant lequel les Hébreux furent soumis aux infidèles. Mais si nous réunissons les intervalles pendant lesquels ils furent libres et ceux où ils subirent le joug, et si nous comptons en particulier le temps des Juges, nous aurons une somme d'années dépassant celle qui est indiquée par tous les historiens.

Le calcul doit être fait ainsi :

Moïse, après la sortie [d'Egypte], 40 ans.

Josué, 27 ans.

[Servitude sous] les infidèles, et judicature d'Othoniel (Kothoniêl), 40 ans.

Les infidèles; Aod et Samegar, 40 ans.

Les infidèles; Débora et Barac, 80 ans.

Gédéon, 40 ans.

Abimelech, 3 ans.

Thola, 22 ans.

Jaïr, 22 ans.

Les infidèles et Jephthé, juge 40, ans

Abesan (Esebon), 7 ans.

Ahialon (Elon), 10 ans.

Abdon (Labdon), 8 ans, — Prise de la ville d'Ilion.

Les infidèles et Samson, 20 ans.

Héli, 6 ans.

Samuel et Saül, 40 ans.

David, 40 ans.

Salomon, 40 ans (27).

Depuis Moïse et la sortie d'Egypte jusqu'à l'édification du Temple, total, 490 ans.

Quant au successeur de Moïse, Josué, le livre qui porte son nom ne marque rien de lui, si ce n'est à l'occasion de sa mort, où on lit qu'il vécut cent dix ans (28). Le texte hébreu dit que la durée de son commandement fut de 27 ans, en sorte qu'il aurait eu, lors de la sortie d'Egypte, sous Moïse, quarante-quatre ans. Pour Samuel, comme l'Ecriture ne précise pas le temps où il fut en fonctions, je pense qu'il faut l'entendre de ce qui est dit de Samuel et de Saül dans les [Actes des] Apôtres divins (29). Il paraît, en effet, que Samuel gouverna le peuple pendant de longues années, tandis que le texte [hébreu] semble n'attribuer à Saül que deux ans. On lit, dans le récit de son règne : « Saül était un enfant d'un an, lorsqu'il devint roi ; » c'est-à-dire qu'il était simple de cœur et inexpérimenté dans le mal, ainsi que ce texte l'affirme de lui, pour le temps où il commença à régner, [en ajoutant] qu'il vécut deux ans dans cet état d'innocence et qu'ensuite il se corrompit et fut rejeté de Dieu, au point qu'il fut étranglé par le démon. C'est pourquoi ses autres années sont rapportées à Samuel. En conséquence nous avons admis, pour ce dernier et pour Saül, 40 ans.

Du témoignage de l'Apôtre résulte cette somme d'années pour Saül, et même d'un examen minutieux de l'Ecriture sainte. Car, après la mort de Saül, l'histoire dit qu'Isbòseth (Eph'ousdia), son fils, avait quarante ans, lorsqu'il monta sur le trône d'Israël; il régna deux ans; mais son pouvoir ne s'étendait pas sur la tribu restée fidèle à David. L'Ecriture mentionne, au début du règne de Saül, ses trois fils, Jonathan, Abinadab (Esav) et Melchisoua (Meliksav) (30), sans parler en rien d'Isboseth; de manière qu'il y a lieu de supposer que la naissance de ce dernier est postérieure, et que le règne de Saül fut d'une durée égale à celle des années de ses fils, après sa mort. Il faut savoir, en outre, qu'il est dit, au troisième livre (31) des Rois, qu'il s'écoula 440 ans depuis la sortie d'Egypte, jusqu'à ce que Salomon entreprît de bâtir la maison de Dieu (32). Mais les docteurs hébreux et Eusèbe, le chronographe, font cet intervalle de 480 ans; Origène et Ananie [de Schirag], de 490, en imputant dix années à la judicature d'Ahialon. D'après la donnée de 440 ans, énoncée dans le livre des Rois, [l'auteur] (33) s'exprime ainsi : « Lorsque le peuple traversa le Jourdain et s'arrêta dans la terre de la Bonne-Nouvelle, cette migration, il l'appelle *Exode*, à l'instar des souverains qui s'envoyaient l'un à l'autre des messages pour s'annoncer que le peuple avait quitté l'Egypte. Si l'on défalque les 40 années passées dans le désert et les 4 années du règne de Salomon, antérieures à la construction du Temple, on obtiendra 436 ans [jusqu'à la mort de David] (34); depuis la première année d'Abraham, 997 ans (35), et depuis Adam, 4,299 ans (36).

Le Temple fut bâti en sept ans, grâce au concours de Hiram (Khiram), roi de Tyr.

Au bout de 124 ans (37), Pygmalion régna sur les

Tyriens. Il était dans sa septième année, lorsque sa sœur Didon émigra dans le pays des Libyens et y fonda Carthage.

La présente chronologie compte, depuis la troisième année (38) de Salomon et depuis la construction du Temple, jusqu'à sa destruction par les Babyloniens, 441 ans (39), qui se répartissent ainsi qu'il suit :

Salomon.	règne en plus	36 ans (40)
Roboam.		17 »
Abia.		3 »
Asa.		51 »
Josaphat		25 »
Joram		8 »
Ochosias.		1 »
Athalie, sa mère.		7 »
Joas.		40 »
Amasias.		49 »
Ozias, appelé aussi Azaria.		52 » .
Joatham. Première olympiade (41). . .		16 »
Achaz		16 »
Ezéchias.		29 »
Manassé.		55 »
Amos.		12 »
Josias		31 »
Joachas.		3 »
Eliacim, dit aussi Joakim		12 »
Joachin, dit aussi Jechonias		3 mois.
Matthanias, dit aussi Sédékias		11 ans.
	Total.	441 ans.(42)

Puis a lieu la captivité des Juifs à Babylone, pendant 70 ans, qui finissent en nous conduisant à la seconde année de Darius (Tareh), roi de Perse. Mais un examen attentif te fera dire sans doute : Comment se peut-il que l'on lise au commencement du Livre d'Esdras (43) qu'en la première année de Cyrus, roi de Perse, Dieu inspira à ce prince la pensée de promulguer un édit portant que partout, dans ses Etats, les Juifs seraient mis en liberté? et comment Cyrus prescrivit-il de rebâtir le Temple? Seras-tu amené par ces paroles à supposer que c'est sous ce prince que s'accomplit la soixante-dixième année de la captivité, et non point sous Darius? A cela je réponds qu'il y a deux termes aux soixante-dix ans prédits par le Prophète [Daniel] : l'un qui part de la destruction du Temple et finit à la seconde année de Darius; l'autre qui va de la treizième année de Josias, où Jérémie commença à prophétiser et qui se termine à la prise de Babylone et à la chute de l'empire des Chaldéens, sous Cyrus. Or, de la treizième année de Josias, qui marque le début du ministère prophétique de Jérémie, jusqu'à l'incendie du Temple il y a quarante ans; et jusqu'à la première année de Cyrus, soixante-dix ans. Depuis la seconde année de Joachim, roi des Juifs, sous lequel eut lieu la première captivité, opérée par Nabuchodonosor, fils de Nabopolassar, jusqu'à la première année de Cyrus, il y a cinquante ans, intervalle qui s'appelle *jubilé*. Il était nécessaire et juste que le retour de la captivité eut lieu dans cette même année à laquelle l'ordre de Dieu avait fixé l'affranchissement des esclaves. A partir de la ruine du Temple, la trentième année tombait sous Cyrus, et, dans la seconde année de Darius [fils d'Hystape], expirait la soixante-dixième.

Jusqu'à cette époque, les Juifs restèrent sans souverains

issus de leurs familles royales; ils furent gouvernés par leurs grands-prêtres, à la fois chefs [religieux] et rois, tant que dura la domination des Perses, sous la dépendance desquels ils étaient placés. Après les Perses, ils eurent pour maîtres les Macédoniens, successeurs d'Alexandre, jusqu'à Antiochus Epiphane, roi de Syrie, qui les persécuta, pour les forcer à embrasser le paganisme. Au temps de ce prince, on vit surgir Mathathias, prêtre de Jérusalem, fils d'Asamon et son fils Juda, surnommé Machabée. Leurs descendants gouvernèrent les Juifs, rendus par eux à la liberté, et se maintinrent jusqu'à Auguste, sous le règne duquel Hérode, fut le premier de race infidèle, qui, par la volonté des Romains, posséda le royaume de Judée.

De son temps, naquit le Christ, fils de Dieu, et s'accomplirent les paroles [de Jacob], rapportées par Moïse (44) : « Un chef issu de Juda et un roi [sorti] de ses reins, ne manquera point jusqu'à ce que vienne celui dont la place est marquée, et qui est l'espérance des Gentils; » prédiction qui, en effet, s'est réalisée.

La somme des temps écoulés, depuis Salomon et la première construction du Temple jusqu'à la seconde année de Darius, roi de Perse, et la restauration du Temple, est de 511 ans (45); et, depuis cette seconde année de Darius jusqu'au crucifiement de notre Sauveur, qui coïncide avec la dix-neuvième année de Tibère, il y a 501 ans (46), que l'on divise ainsi qu'il suit :

A Cyrus, qui régna 30 ans, succéda Cambyse, qui en régna 8; après lui, les mages 7 mois; puis Darius, 36 ans.

Sous Darius, Zorobabel devint le chef des Hébreux avec le grand-prêtre Jésu, et il acheva la reconstruction du Temple.

Aggée et Zacharie faisaient alors entendre leurs prophéties.

Xerxès, fils de Darius, 21 ans.

Ardavan (Artaban), 7 mois.

Ardaschès (Artaxerxès), Longuemain, 40 ans.

Au temps de ce prince, Esdras se rendit à Jérusalem et enseigna la loi de Dieu.

La vingtième année d'Artaxerxès, Néhémie, son échanson, ayant sollicité sa permission, vint à Jérusalem, bâtit les remparts de cette ville et en embellit les places publiques.

Xerxès II, 2 mois.

Sogdien, 2 mois (47).

Darius Nothus, 19 ans.

Ardaschès (Artaxerxès), Mnémon, 40 ans.

Ardaschès (Artaxerxès), Ochus, 26 ans,

Ardaschès, fils d'Ochus, 4 ans.

Darius, fils d'Arscham, 6 ans.

La sixième année de son règne, Darius fut tué par Alexandre, qui mit fin à l'empire des Perses, après une durée de deux cent-trente ans (48). Alexandre régna encore 6 ans et 7 mois (49), après s'être emparé de Babylone. Il vécut en tout 32 ans.

CHAPITRE DEUXIÈME

LES PTOLÉMÉES, SOUVERAINS DE L'ÉGYPTE (1)

Après Alexandre, la ville d'Alexandre et l'Egypte eurent pour roi Ptolémée, fils de Lagus, pendant 33 ans.

Puis Ptolémée Philadelphe, 28 ans.

Sous son règne, les livres saints des Hébreux furent traduits en grec et déposés dans la bibliothèque d'Alexandrie.

De son temps, régna le Parthe Arsace (Arschag), le Brave.

Ptolémée Evergète, 26 ans.

Ptolémée Philopator, 12 ans.

[Ptolémée Epiphane, 22 ans].

[Ptolémée Philométor, 30 ans] (2).

Ce dernier eut pour contemporain Antiochus Epiphane, sous le règne duquel eurent lieu les événements racontés dans les livres des Machabées, et qui s'efforça par la violence de convertir la nation juive à l'idolâtrie. Sous ce prince, Mathathias, fils d'Asamon, plein de zèle pour la loi de sa patrie, se mit à la tête du peuple armé. Il eut pour successeur son fils Juda Machabée.

Après Ptolémée Philométor, l'Egypte fut gouvernée par Ptolémée Evergète II, 29 ans.

Ptolémée Physcon, surnommé Soter, 17 ans.

Ptolémée Alexandre, 10 ans.

Ptolémée Philadelphe, qui fut expulsé, 38 ans.

Ptolémée Denys [Aulète], 30 ans.

Cléopâtre, fille de Ptolémée [Aulète], tint le trône deux ans, avant que Caius Julius [César] devînt souverain et que les Romains, s'emparassent de l'Egypte; puis, pendant vingt ans, sous leur protectorat. Nous avons ainsi à tenir compte de ces deux règnes de Cléopâtre dans le canon, et, dès ce moment, à supputer les années de l'Empire romain.

Après les deux années [du premier règne] de Cléopâtre, Caius Julius [César], premier empereur et monarque des Romains, régna 4 ans.

Il eut pour successeur le sébaste Octavien dit aussi Auguste (2), qui régna 56 ans.

Tibère, 24 ans, jusqu'au crucifiement du Christ.

Le temps écoulé depuis la seconde année de Darius, sous lequel se fit la restauration du Temple jusqu'à la dix-neuvième année de Tibère et la Passion de notre Sauveur, est de 501 ans (3).

Depuis Salomon et la première édification du Temple, 1012 ans.

Depuis Moïse et la sortie d'Egypte, 1501 ans.

Depuis la première année d'Abraham, 2006 ans.

Depuis le déluge, 3068 ans.

Depuis Adam, 5310 ans.

Or, il y a, suivant Eusèbe, depuis Adam, jusqu'à la dix-neuvième année de Tibère, où fut crucifié notre Sauveur, 5232 ans (4).

CHAPITRE TROISIÈME (1)

LES CHEFS DES HÉBREUX, DE L'ORDRE SACERDOTAL, QUI
GOUVERNÈRENT LE PEUPLE APRÈS LE RETOUR DE LA
CAPTIVITÉ.

Jésu, fils de Josédech, avec Zorobabel, sous Cyrus, roi de
Perse.

Joachim, fils de Jésu.

Eliasib ou Joasib (Egh'aros), fils de Joachim.

Joïada, fils d'Eliasib ('Asep).

Jean, fils de Joïada.

Jaddus ou Jeddoa ('Outas), fils de Jean. De son temps,
Alexandre fonda Alexandrie; étant venu à Jérusalem, il y
adora [le vrai] Dieu.

Onias, fils de Jaddus.

Simon [dit le Juste], fils d'Onias.

Eléazar [frère de Simon, le Juste]. A cette époque les Septante traduisirent les Livres saints.

[Manassès, oncle paternel d'Eléazar].

Onias [fils de Simon le Juste, et] frère d'Eléazar.

Simon, fils d'Onias, sous lequel se fit connaître Jésu, fils
de Sirach.

[Jésu ou Jason, frère d'Onias.]

Onias [nommé aussi Ménélas]. De son temps, Antiochus [Epiphane] persécuta les Juifs et voulut les contraindre à se faire païens (2).

Juda, fils de Mathathias, 3 ans. Par ses efforts le pays fut purgé des nations impies.

Jonathan, son frère, 19 ans.

Simon, fils de Jonathan, 8 ans.

Hyrcan Jean, 26 ans.

Aristobule, 1 an.

Celui-ci ajouta la couronne royale au souverain pontificat dont il était dejà investi.

Jannée dit aussi Alexandre, 27 ans, à la fois roi et souverain pontife.

Depuis Cyrus, les chefs qui reçurent l'onction sainte se continuèrent pendant 483 ans, intervalle qui fait les soixante-neuf semaines d'années annoncées par Daniel, de la manière suivante (2) : « Sache, [dit l'ange Gabriel au pro-« phète], et comprends que depuis l'issue de la parole, pour « donner réponse relativement à la construction du Temple, « jusqu'à l'oint conducteur, il y aura sept semaines et « soixante-deux semaines. » Les premières sont comptées depuis Cyrus jusqu'à Darius, sous lequel fut achevée la restauration du Temple ; les soixante-deux autres semaines, se prolongent jusqu'ici.

La révélation de ces semaines fut faite par Daniel dans la première année de Darius, fils d'Arschavir (Assuérus) (3) et s'accomplit à Jannée Alexandre, chef consacré par l'onction sainte, grand-prêtre et roi. En lui finirent ceux qui, se succédant dans la lignée sacerdotale, sont désignés par le Prophète sous le double titre de chefs et oints.

A Alexandre Jannéé succéda Salina (4), sa femme. Après elle la discorde ayant éclaté entre ses fils Aristouble et Hyrcan, Pompée, général des Romains, vint assiéger Jérusalem, s'en empara et pénétra dans le Temple. Dès ce moment, toutes les nations devinrent tributaires des Romains. Pompée donna le suprême pontificat à Hyrcan, et le gouvernement de la Palestine à Antipater d'Ascalon.

Au temps d'Antipater, le premier monarque qu'aient eu les Romains est Caius Julius César, lequel régna 4 ans et 7 mois. Après lui, Auguste 56 ans et 6 mois. La huitième année (5) de ce prince, le royaume de Judée échut pour la première fois à un infidèle, Hérode, fils d'Antipater d'Ascalon.

Hérode ayant fait mourir Hyrcan [fils d'Alexandre Jannée], la légitime transmission du souverain pontificat fut interrompue et cette dignité conférée par Hérode à des gens de basse extraction. Sous son règne, naquit notre Seigneur et Sauveur, et s'accomplit la prophétie de Jacob, rapportée ci-dessus.

Ce fut en la quarante-deuxième année d'Auguste et la trente-deuxième d'Hérode, fils d'Antipater l'infidèle, lequel régna 37 ans.

Hérode eut pour successeur Archélaüs, son fils, pendant 9 ans.

Hérode le Tétrarque, frère d'Archélaüs, 4 ans.

La quinzième année de Tibère et la quinzième aussi d'Hérode [le Tétrarque], Jésus se rend au Jourdain pour recevoir le baptême de Jean, et commence dès lors, par ses actes et ses prédications, le cours de sa mission évangélique.

En l'année dix-neuf d'Hérode et de l'empereur Tibère,

Jésus, l'oint de Dieu, souffrit la passion, comme les Prophètes l'avaient prédit.

Après Hérode le Tétrarque, régna Agrippa, 7 ans.

Puis Agrippa [le Jeun]e, fils d'Agrippa, 26 ans.

Sous ce dernier, arriva la ruine finale de Jérusalem, par
Vespasien et Titus.

Depuis le crucifiement de notre Sauveur et la dix-neuvième année de Tibère, jusqu'à Constantin, il s'est écoulé
291 ans (6), que l'on suppute de la manière suivante, en
ajoutant, après le crucifiement, 4 ans aux 19 années écoulées
de Tibère (7) :

Caius [Caligula], 4 ans.

Claude, 13 ans.

Néron, 14 ans.

Vespasien, 10 ans.

Titus, 2 ans.

Domitien, 16 ans,

Nerva, 1 an.

Trajan, 19 ans.

Adrien, 21 ans.

Titus-Antonin [le Pieux], 23 ans.

[Marc-] Aurèle, 19 ans.

Commode, 13 ans,

Ælius Pertinax, 1 an.

Sevère, 18 ans.

Antonin 1er [Caracalla], 4 ans.

[Macrin, 1 an].

[Antonin II, Héliogabale, 4 ans].

[Alexandre, fils de Mammée, 13 ans].

Maximin, 3 ans.

Gordien, 6 ans.

Philippe, 7 ans.

Dèce, 1 an.

Gallus [et Volusien], 2 ans.

Valérien et Gallien, 15 ans.

Claude [II], 2 ans.

Aurélien, 6 ans,

Tacite, 6 mois.

Florien, 88 jours.

Probus, 6 ans.

Carus [avec ses deux fils Carin et Numérien], 2 ans.

Dioclétien, 20 ans.

Constantin; sa vingtième année est la première de la paix accordée à l'Église (8).

CHÁPITRE QUATRIÈME

Nous avons précédemment exposé ce qui concerne les deux fils de Noé, Japheth et Sem. Il nous reste maintenant à parler sommairement de la race de Cham et des rois qu'elle a produits.

Après le déluge, la famille humaine issue de ces trois hommes se répandit dans tout l'univers. Car on dit que l'Europe entière à partir du mont Imaüs (Émavon) jusqu'à l'océan Occidental est la demeure des nations japhéthiques; les Chamites tiennent l'Egypte et la Libye jusqu'aux régions de l'Occident; les descendants de Sem, l'aîné des trois frères, eurent en partage l'Assyrie et tous les pays d'Orient.

Les livres des Hébreux nous apprennent que Babylone fut fondée par Nemrod, et qu'il fut le premier de tous les rois. Voici en quels termes:

Kousch, l'Ethiopien, engendra Nemrod, qui, d'après le langage de l'Ecriture, commença à devenir géant sur la surface de la terre, et Babylone fut l'origine de son empire; ensuite Arach (Erek), Achad (Akath) et Chalannê, dans la terre de Sénêar. De cette contrée sortit Assour, qui fonda Ninive, la première ville de l'Assyrie, bâtie par lui. Il était un des fils de Sem, qui possédait, ainsi que nous l'avons vu, toutes les contrées d'orient.

On dit que les fils de Sem furent Elam, Assour et Arphaxad, Aram et Loud (Gh'out). D'Elam sont sortis les Élamites, la première race de la Perse, lesquels bâtirent la ville d'Élymaïs. D'Assour descendent les Assyriens; d'Arphaxad, les Arphaxadites, qui reçurent le nom de Chaldéens; d'Aram [viennent] les Araméens nommés aussi Syriens, et de Loud, les Lydiens (Gh'outatsis).

Ninive, fondée par Assour, fut reconstruite par Ninus, roi d'Assyrie, qui lui donna son nom. On prétend que Ninus était de la lignée de Cham, le sixième depuis Nemrod, premier roi d'Assyrie, qu'il fut contemporain d'Abraham, et qu'il domina sur toute l'Asie, excepté l'Inde, pendant 52 ans.

Puis régna Sémiramis (Schamiram), sa femme, 42 ans (1).

Zamessès, autrement appelé Ninyas, 38 ans.

Arius, 30 ans.

Aralius, 2 ans (2).

Xerxès, dit aussi Balæus, 35 ans (3).

Armamithrès, 38 ans (4).

Bélichus, 30 ans (5).

[Balæus, 12 ans].

[Altadas, 32 ans].

[Mamythus, 30 ans].

[Manchaleus, 30 ans].

Sphærus, 20 ans.

Mamylus, 10 ans (6).

Sparethus, 3 ans (7).

Ascatadès, 20 ans (8).

Amyntès, 7 ans (9).

Bélichus II, 35 ans (10).

Bariarus, 50 ans (11).

Labedès, 32 ans (12).

Mouarès, 10 ans (13).

Lamparès, 22 ans (14).

Pannyas, 45 ans (15).

Sosarmas, 19 ans (16).

Mithræus, 27 ans.

Teutamus, 51 ans. Sous son règne la ville d'Ilion fut prise [par les Grecs] (17).

Teuteus, 40 ans (18).

Thinæus, 30 ans (19).

Dercius, 40 ans (20).

Eupalmès, 38 ans.

Laosthénès, 45 ans.

Pertiesdès, 30 ans (21).

Ophrad, 32 ans (22).

Ophratanès, 50 ans.

Acrazanès, 42 ans (23).

Sardanapale, 20 ans.

Jusqu'à Sardanapale les souverains d'Assyrie, possédèrent tout l'Orient et une partie des contrées du nord, du midi et de l'occident. Ils se rendirent très-puissants jusqu'à Thonos Concholéros qui est le Sardanapale des Grecs. Vaincu par Arbace (Varpaguès), le Mède et Bélésis (Bélisios), il se précipita dans les flammes. Arbace ayant détruit l'empire assyrien, établit Bélésis, roi de Babylone et transporta la domination des Assyriens aux Mèdes (24), qui la conservèrent pendant le temps, dont le compte suit :

Arbace, le Mède, régna sur tout l'Orient, 28 ans.

Madaucès 20 ans.

Sosarmus [Hagatimos], 30 ans (25).

[Artycas, 30 ans].

Déjocès (Dekos), 54 ans.

Phraorte, 44 ans.

Cyaxare, 32 ans.

Ajtahag (Astyage), 38 ans.

Astyage fut renversé par Cyrus qui détruisit l'empire des Mèdes, et non-seulement des Mèdes, mais aussi des Chaldéens et des Babyloniens. Ce prince ayant tué Crésus, mit fin pareillement au royaume de Lydie.

Cyrus, 30 ans.

Cambyse, 8 ans.

Darius, fils d'Hystaspe (Veschdasp), 36 ans.

Xerxès, 41 ans.

Ardaschès (Artaxerxès), Longuemain, 40 ans.

Darius Nothus, 19 ans.

Artaxerxès Mnémon, 40 ans.

Artaxerxès Ochus, 26 ans.

Arschès (Ardaschès), fils d'Ochus, 40 ans.

Darius, fils d'Arschès, 6 ans (26).

Darius fut tué par Alexandre de Macédoine, fils de Philippe, lequel régna à la fois sur la Perse et l'Assyrie.

Après la mort d'Alexandre, l'empire passa aux mains de plusieurs chefs, comme nous l'avons dit plus haut, sous le nom d'empire macédonien.

Ptolémée, fils de Lagus, eut en partage l'Egypte; Séleucus Nicanor, Babylone, l'Assyrie et toute la Perse. Antigone et son fils Démétrius surnommé Poliorcète, obtinrent l'Asie et la Syrie.

La geurre ayant éclaté entre Séleucus et Démétrius, au

sujet de la Syrie, Ptolcmée 1ᵉʳ, fils de Lagus, rŏi d'É-
gypte, s'avança vers l'ancienne Gaza, en vint aux mains
avec Démétrius, fils d'Antigone, et resta vainqueur; alors il
établit Séleucus, roi de Syrie, de Babylone, du haut pays (27)
et de la Perse; mais les Perses et les Parthes (Barthev) et
tout l'Orient (28), ayant refusé de se soumettre aux Macédoniens, Séleucus marcha contre eux avec des forces considérables, les défit et par cette victoire, mérita le surnom de
Nicanor qui signifie *victorieux*. Séleucus régna 31 ans (29)
et en vécu 75.

Il eut pour successeur son fils Antiochus, dit Soter [né
de son épouse] Apama, qui était Perse de naissance; il
vécut 64 ans, dont 19 sur le trône (30).

La onzième année de son règne et la soixantième après
la mort d'Alexandre (31), les Parthes secouèrent le joug des
Macédoniens et se donnèrent pour roi Arsace (Archag) (32),
le Brave qui siégea dans la ville royale de Bahl (33) au pays
des Kouschans (34). Il s'empara de toutes les contrées de
l'Orient, et à la suite de combats terribles, enleva Babylone
aux Macédoniens.

Après avoir régné 57 ans, il laissa le trône à son fils
Ardaschès qui l'occupa 31 ans.

A Ardaschès succéda son fils Arsace, surnommé le
Grand.

Démétrius, roi des Macédoniens, étant venu l'attaquer
à Babylone, Arsace le vainquit, le fit prisonnier et le conduisit dans le pays des Parthes; de là le surnom de Sidé-
ritès, donné à Démétrius, parce qu'il avait été emmené
captif, et était resté en prison, chargé de fers.

Démétrius avait un frère puiné, nommé Antiochus, qui
avait été élevé dans la ville de Sidê, et auquel cette cir-

constance valut le surnom de Sidètès (Sitèatsi). Antiochus ayant appris que son frère était retenu captif, vint de Sidê et se mit en possession de la Syrie. Antiochus imposa son joug aux Juifs; et ayant assiégé Jérusalem, détruisit les remparts de cette ville et extermina l'élite des habitants.

Cependant le roi des Parthes, Arsace, s'avança à la téte de 120,000 hommes, ayant imaginé une ruse, qu'il se proposait de mettre à exécution. Il relâcha Démétrius, son prisonnier, frère d'Antiochus. Celui-ci s'étant mis en route, pendant l'hiver, s'engagea dans des défilés ; et malgré les plus grands efforts pour repousser les troupes d'Arsace, ayant été blessé, il périt, âgé de 37 ans. Son fils Séleucus, qui l'avait suivi dans cette expédition, tomba au pouvoir d'Arsace, qui le traita royalement.

A cette époque, Arsace le Grand, petit-fils d'Arsace le Brave, donna pour roi aux Arméniens son frère Valarsace (Vagh'arschag) (35), en lui abandonnant en même temps tous les pays d'Occident, soumis à son autorité, et lui-même se retira à Bahl. C'est ainsi que s'opéra la séparation des deux dynasties de Perse et d'Arménie.

Arsace, le plus brave des ancétres de ces deux familles royales, Bahlavig et Arsacide, régna en monarque victorieux, 57 ans.

Arschagan, 30 ans.

Arschanag, 32 ans.

Ardaschès, 20 ans.

Arschavir, 20 ans.

Bérose, 33 ans.

Valarsace, 50.

Artaban (Ardavan), 36 ans.

Artaban fut tué par Ardaschir (36) de Sdahr (Istakhar), fils de Sassan, lequel détruisit l'empire des Bahlavig, dans la seconde année de Philippe, empereur des Romains. Ici prend fin la domination des Parthes, de la dynastie des Bahlavig; elle avait commencé la trentième année du règne de Ptolemée Philadelphe, et duré 457 ans (37).

Après cet événement, [Ardaschir] de Sdahr, fils de Sassan, ayant soumis tous les Ariens et les Anariens (38), et un grand nombre de princes de la famille royale des Parthes et des Bahlavig, monta sur le trône de Perse, où se maintinrent de la même manière ses descendants.

CHAPITRE CINQUIÈME [1]

Nous allons maintenant remonter le cours de notre récit. Ainsi que nous l'avons dit précédemment, la soixantième année après la mort d'Alexandre (2), Arsace le Brave régna sur les Parthes dans la ville de Bahl Aravadin, au pays des Kouschans. Il eut pour successeur Ardaschès (3), qui régna 31 ans, et qui fut remplacé à son tour par Arsace, son fils, surnommé le Grand. Celui-ci étendit sa domination sur la partie du monde comptée pour la troisième dans la division qu'indique le quatrième livre des histoires positives (4) d'Hérodote, lequel partage la terre en trois parties, et appelle l'une Europe, l'autre Libye et la troisième Asie, celle qu'Arsace tint sous son pouvoir.

Vers cette époque Arsace établit son frère Valarsace (5) roi de notre pays, en lui assignant pour limites le nord et l'occident. Une fois sur le trône, Valarsace rassemble une armée considérable d'Arméniens, auprès de la ville d'Armavir (6) et se dirigeant vers les confins de la Chaldée Pontique (Khagh'dik'), vient attaquer Morphylig (7), qui régnait en tyran sur les pays de Majak (8) et du Pont. Les deux adversaires se rencontrèrent auprès de la roche élevée et aigüe qui est la colline de Colonia (9). Morphylig, succomba sous les coups des braves Arméniens des deux familles de Sénék'érim (Sennachérib) (10) et de Haïg (11). Son armée ayant pris la fuite, le pays reconnut l'autorité de Valarsace, et toute agression se cas de la part des Macédoniens.

Le roi s'étant rendu à Nisibe (Medzpin) (12), y construisit un palais, pour en faire sa résidence. Voulant honorer un des Juifs attachés [à son service], appelé Pakarad (13), il éleva sa maison au rang des familles princières et le nomma *thakatir* (14) du Roi et *asbed* (15), en lui accordant en même temps le droit de paraître à la cour avec un diadème orné de trois rangs de petites perles, mais sans or ni pierreries.

Comme officiers chargés de lui mettre les gants, il établit les descendants de la race des Chananéens et de K'ananitès (16), lesquels au temps de Josué, s'étaient enfuis du pays de Chanaan en Arménie. Il donna à cette famille le nom de Kenthouni.

Ses gardes du corps, équipés militairement furent tirés de la race de Khor', issue de Haïg, et dont le chef était alors un certain Magh'khaz (17), homme éminent, robuste et courageux. Il conserva à cette famille son nom primitif de Khor'.

L'intendance des chasses royales fut confiée par lui à Tad, de la famille de Kar'nig, originaire de Kégh'am (18) et dont le fils Varaj, donna son nom à cette famille, qui s'appela Varajnounik'.

Kapagh' eut l'administration des vivres, Abel fut nommé majordome et chargé des siéges de la cour (19). Il leur accorda des villages qui prirent leur nom et constituèrent les satrapies Abélian et Kapégh'ian.

Les Ardzrounis (20) reçurent le droit de faire porter les aigles devant eux. -

Les Knounis obtinrent la charge d'échansons du roi.

Ces deux dernières familles étaient de la race de Sénék'érim.

Les Sbantounis furent préposés aux sacrifices ; les Havounis à la fauconnerie ; les Tziounagans (21) eurent la garde des palais d'été et l'office de présenter les boissons glacées.

Il institua gouverneurs des contrées orientales, chacun à la tête de dix mille hommes, deux chefs des familles Sissagan (22) et de Gatmos (23). Les contrées du nord-est, sur les confins du fleuve Cyrus (Gour), qui traverse la grande plaine (24), furent placées sous le commandement d'Ar'an. De Sissag descend la famille qui possédait la plaine des Agh'ouans (25) et les parties montagneuses de cette région, depuis le fleuve Araxe (Eraskh) jusqu'à la forteresse de Hounaraguerd (26). Le pays reçut le nom du chef de cette race et fut appelé Agh'ouank'. Ce chef se nommait Agh'ou (miel) à cause de la douceur de son caractère. Cet Ar'an, l'un de ses descendants, célèbre par sa bravoure, fut créé par Valarsace gouverneur [de la province], et commandant de dix mille hommes. De sa lignée proviennent les races Oudêatsi, Karmanatsi, Dzotêatsi et Karkaratsi (27).

Kouschara, qui descendait des fils de Schara (28), obtint le Mont Ténébreux, qui est Gankark' (29), et la moitié du district de Dchavakhs (30), Gogh'p (31), Dzoph' (32), et Tzor (33), jusqu'à la forteresse de Hounaraguerd. La seigneurie d'Achots (34) et de Daschir (35) fut accordée à un des fils de Kouschara, de la race de Haïg.

La préfecture des contrées septentrionales, en face du Caucase, fut le partage de cette grande et puissante famille, à laquelle [Valarsace] rattacha le titre de *ptiaschkh* (36) des Koukaratsis (37); elle remontait par son origine à un des satrapes de Darius, Mihrtad (Mithridate), qui avait été laissé [dans ce pays] pour gouverner les captifs que Nabuchodonosor avait enlevés à la nation ibérienne (38). Nabuchodonosor, plus fort qu'Hercule, ayant entrepris une expédition depuis la Libye jusqu'à l'Ibérie, s'était rendu maître d'une partie de ces contrées et avait transporté et établi ses captifs au côté droit de la mer du Pont (39). De l'Ibérie, il passa jusqu'aux limites extréme de l'Occident.

La grande vallée de Passen (40) fut assignée pour apanage à la famille Ortouni (41), qui comptait Haïg, comme ancêtre.

Dourk', qui, à cause de sa laideur, était surnommé Ankégh'ia (laid), et descendait de Bask'am (42), petit-fils de Haïg, fut créé gouverneur de l'Occident, et, par allusion à la difformité de son visage, sa race reçut le nom d'Ankegh'. Les chants populaires racontent qu'il avait la force de cent vingt éléphants, qu'il empoignait des roches et les lançait comme il voulait, et qu'il traçait avec l'ongle [sur la surface de ces pierres] des figures d'aigles ou autres. Des navires ennemis s'étant rencontrés sur les bords de la mer du Pont, il leur lança des roches grosses comme des collines, et les flots, entr'ouverts par la chute de ses masses, engloutirent nombre de ces navires, tandis que les autres étaient repoussés à plusieurs milles de distance par les flots soulevés. Quoique ces faits soient fabuleux, il n'en est pas moins vrai que cet homme était digne de servir de thème aux récits populaires (43).

Scharaschan (44), de la famille de Sanassar, fut institué grand ptiaschkh et gouverneur des contrées du sud-est, vers les confins de l'Assyrie, sur les bords du Tigre, et obtint le district d'Arzen (45), le territoire environnant, ainsi que le mont Taurus, qui est Sim (46).

Un homme du même district, chef d'une bande nombreuse de brigands, fut fait satrape des Mogatsis (47). Les Gortouatsis (48), les Antzévatsis (49) et les Aguèatsis (50), dans le même pays, furent aussi érigés en satrapies. Quant aux Reschdounis (51) et à ceux de Kogh'then (52), j'ai trouvé dans un récit qu'ils étaient vraiment une branche de la famille Sissagan.

Après toutes ces dispositions, Valarsace bâtit, à Armavir, un temple où il érigea des statues au soleil et à la lune.

Ayant sollicité avec les plus vives instances l'un des Juifs, descendants de Schampath, nommé Pakarad, qui était *thakahir* et *asbed*, d'abandonner le judaïsme et d'adorer les idoles, et celui-ci s'y étant refusé, il lui laissa sa liberté de conscience.

Il créa deux officiers chargés de lui rappeler par écrit, l'un, le bien à faire, l'autre, les punitions à infliger. Au premier, il prescrivit de remontrer au souverain irrité, la justice et la clémence.

Il établit pour loi que le roi n'aurait auprès de lui qu'un de ses fils, l'héritier du trône, et que les autres seraient envoyés [dans le district de] Haschdiank' (53). Cette loi, il l'appliqua à sa famille, conservant seulement auprès de lui Arsace [son fils aîné] avec Ardaschès, son petit-fils, et fit partir les autres pour Haschdiank'.

Valarsace mourut à Nisibe (Medzpin), après un règne de vingt-deux ans. Son fils Arsace (54) lui succéda sur le trône de l'Arménie, qu'il occupa treize ans.

Ayant porté la guerre contre les habitants du Pont,

laissa sur les bords de la grande mer (55), en signe commémoratif de cette expédition, une lance à la pointe arrondie, qu'il avait trempée, dit-on, dans le sang des serpents et autres reptiles. Debout sur ses pieds, il la fit pénétrer profondément et la fixa dans une colonne faite d'un gros bloc de pierre, qu'il érigea sur le rivage de la mer. Cette colonne fut vénérée par les habitants du Pont comme une œuvre des dieux.

Dans une autre expédition d'Ardaschès contre ces peuples, ils précipitèrent cette colonne dans les flots.

Parmi les fils de Pakarad, persécutés par Arsace pour les forcer à adorer les idoles, deux périrent par le glaive. Cette mort courageuse fit d'eux les émules des Ananias et des Eléazar (56).

Ardaschès succéda à son père Arsace, la vingt-quatrième année d'Arschagan, roi de Perse. Par la puissance qu'il acquit, il échangea le second rang contre la préséance; il revendiqua le droit particulier de battre monnaie, et y fit imprimer son effigie (57). Il ordonna de lever des troupes en si grand nombre qu'il n'en savait pas même le compte. Alors il ordonna que, dans tous les défilés, dans les descentes et les haltes, chaque homme déposerait une pierre, dont on formerait des tas, pour indiquer le chiffre des soldats. Il dirigea ses armes vers l'Occident et fit prisonnier Crésus, roi de Lydie (58). Ayant conquis les contrées situées entre les deux mers (59), il couvrit l'océan (60) de ses vaisseaux, se proposant d'asservir tout l'Occident; mais ses troupes, excitées par je ne sais quel esprit de discorde, s'exterminèrent mutuellement, et Ardaschès, forcé de prendre la fuite, périt, comme on le rapporte, de la main de ses propres soldats. Il avait régné 27 ans.

Ayant pris, dans l'Hellade, les statues de Jupiter, d'Artémis d'Athènê, de Hephæstos et d'Aphroditê, (61) il les fit transporter en Arménie. Ceux qui étaient chargés de cette mission n'avaient pas encore pénétré dans l'intérieur de notre pays, qu'apprenant la triste nouvelle de la mort d'Ardaschès, ils coururent se réfugier dans la forteresse d'Ani (62).

A Ardaschès Ier succéda son fils Tigrane (Dikran) (63), la dix-neuvième année d'Arschagan, roi de Perse. Il marcha contre les troupes grecques, qui, après la mort d'Ardaschès, son père, et après la dispersion de son armée, s'avançaient sur ses traces pour envahir notre pays. Les ayant atteintes, il les força de reculer jusqu'aux extrêmes frontières. Après quoi, il remet au mari de sa sœur, Mithridate (64), la ville de Majak et le gouvernement de l'Asie-Mineure; et lui-même, ayant réuni autour de lui des forces imposántes, il reprend le chemin de ses Etats, descend vers la Mésopotamie, et jusque dans la Palestine, y fait nombre de Juifs prisonniers, et rentre chez lui.

A cette époque, Pompée, général des Romains (65), arrive avec une armée considérable dans l'Asie-Mineure. N'ayant pas rencòntré Tigrane, il attaque Mithridate et le force de s'enfuir dans le Pont; ensuite, ayant pris Majak et fait captif le jeune Mithridate, fils de Mithridate, il se hâte de passer en Judée.

Cependant le roi d'Arménie, Tigrane, apprenant ces événements, va en Syrie, pour s'opposer aux Romains. Leur chef, Gabinius accourt à sa rencontre, car Pompée était alors retourné à Rome. Gabinius, impuissant contre Tigrane, traite avec lui en secret de la paix et lui livre comme otage Mithridate, fils de sa sœur. Les Romains, ayant conçu des soupçons contre Gabinius, le remplacèrent par Crassus. Celui-ci, arrivé à Jérusalem, met la main sur tout ce qu'il peut trouver de trésors dans le Temple; puis, s'avançant contre Tigrane, il franchit l'Euphrate; mais il est exterminé avec toute son armée par ce prince, qui reste le maître des trésors de son ennemi, et rentre en Arménie (66).

Dans ce moment le jeune Mithridate, se révoltant contre Tigrane, frère de sa mère, va trouver César, qui lui donne le commandement de la ville de Pergame (67).

Ce prince rebâtit Majak sur un plan plus vaste, l'orne d'édifices magnifiques, et donne à cette ville le nom de Césarée, en l'honneur de César. Depuis ce moment, elle cessa d'appartenir aux Arméniens.

Tigrane, ayant obtenu d'Ardaschès, roi de Perse, un secours de troupes, qu'il réunit aux Arméniens, en confie le commandement à Bar-Tzaph'ran, chef de la famille des Reschdounis (68), et les envoie contre Jérusalem. Bar-Tzaph'ran, s'étant mis en campagne, vient se saisir d'Hyrcan, grand-prêtre des Juifs. Etant entré dans Jérusalem, il enlève les trésors d'Hyrcan, qui se montaient à plus de trois cents talents. Après avoir fait captifs les habitants de Samarie (69), il établit pour roi Antigone, emmenant Hyrcan chargé de chaînes; celui-ci fut conduit vers Tigrane, avec les autres captifs, auxquels on assigna pour résidence la ville de Sémiramis (Van) (70). Tigrane ne survécut que deux ans (71) à cette expédition, et mourut après en avoir régné trente-trois.

Cependant Antoine, arrivé avec toutes les troupes romaines à Samosate (Schamschad), apprend la mort de Tigrane, et, s'étant emparé de cette ville, retourne en Egypte. Après avoir fait mettre à mort Antigone, il nomme Hérode, roi de toute la Judée et de la Galilée.

La couronne d'Arménie passa au fils de Tigrane, Ardavazt (Artabaze) qui donna en apanage à ses sœurs et à ses frères le district d'Agh'iovid et d'Ar'pérani (73); d'après l'usage suivi par les autres Arsacides, pour le district de Haschdiank' et de Tzor. Ardavazt ayant convoqué les dix mille hommes de la province d'Aderbadagan (73), et appelé à lui les montagnards du Caucase, ainsi que les Agh'ouans et les Géorgiens (Virs), vient camper dans la Mésopotamie, et en chasse les Romains. Antoine, rugissant comme un lion, accourt avec le gros de son armée à la rencontre d'Ardavazt, et, ayant traversé la Mésopotamie, il fait un horrible carnage de l'armée arménienne, et s'empare de la personne du roi. De retour en Egypte, il offre ce prince en cadeau, avec quantité de trésors, à Cléopâtre.

La vingtième année après la mort d'Ardaschès, les Arméniens eurent pour souverain Arscham, fils d'Ardaschès et frère de Tigrane. Arscham fut le père d'Abgar.

Cette même année, mourut le roi de Perse, Ardaschès, qui eut pour successeur Arschavir (74), encore en bas âge.

Comme Arscham n'avait de secours à espérer de nulle part, il traite de la paix avec les Romains, et consent à devenir leur tributaire pour la Mésopotamie et la contrée de Césarée. Ce fut ainsi que les Arméniens commencèrent à payer tribut pour une partie de leur pays aux Romains.

Hérode, après avoir accompli maintes actions de bravoure, entreprend de se signaler par des œuvres de bonne administration et d'utilité publique; il dote d'édifices une multitude de villes, depuis Rome jusqu'à Damas. Ayant demandé à Arscham de lui fournir une multitude de simples ouvriers, et celui-ci lui ayant opposé un refus, il marche contre lui. Sur ces entrefaites, Arscham envoie des ambassadeurs à

César [Auguste] pour le prier de l'affranchir de la dépendance d'Hérode. Mais l'empereur, ayant décidé que non-seulement Arscham, mais encore toute l'Asie-Mineure seraient sous la domination d'Hérode, Arscham se soumet de bonne grâce à cet ordre, et envoie à Hérode tous les ouvriers qu'il réclamait. Celui-ci les employa à couvrir les voies publiques d'Antioche, sur une longueur de 20 vedavans (75), d'un pavage en dalles de marbre blanc. Arscham, après un règne de vingt ans, meurt laissant la couronne à son fils Abgar, la vingt-cinquième année d'Arschavir, roi de Perse (76).

Dans la troisième année d'Abgar, l'Arménie entière devint tributaire des Romains (77).

L'empereur Auguste, ayant ordonné un dénombrement général, ainsi qu'il est dit dans l'Evangile de saint Luc, [chap. 2] envoya en Arménie des officiers qui placèrent en tous lieux son image.

A cette époque naquit notre Sauveur Jésus-Christ, fils de Dieu, lui qui est béni à jamais. Amen.

En même temps, Hérode donne l'ordre de placer son image à côté de celle de l'empereur, dans les temples de l'Arménie. Sur le refus d'Abgar, Hérode dirige contre lui une armée, sous le commandement du fils de sa sœur (78). Ces troupes, parvenues dans la Mésopotamie, en viennent aux mains avec celles d'Abgar, dans le district militaire de Pouknan (79). Le neveu d'Hérode est tué dans l'action, et les siens sont dispersés. Dans l'intervalle, Hérode meurt (80) et son fils Archélaüs est créé, par Auguste, ethnarque de la Judée. Auguste lui-même termine bientôt après sa carrière, et Tibère lui succède (81).

A cette époque, Abgar bâtit une ville destinée à servir de

cantonnement à l'armée arménienne, dans un lieu qui fut anciennement un poste d'observation sur l'Euphrate, contre Cassius, et que l'on appelle Edesse. De Nisibe (Medzpin), il y transporte sa cour, ainsi que ses idoles (82) et les livres de l'Ecole des Temples.

A la suite de ces événements Arschavir, roi de Perse, meurt laissant la couronne à son fils Ardaschès (83). Abgar étant allé dans l'Orient, y rétablit la paix, troublée par les dissensions survenues entre Ardaschès qui voulait assurer sa couronne à ses descendants directs et entre ses frères Garên et Sourên, ainsi que leur sœur Goschm, qui s'opposaient à ses prétentions. Ardaschès les tenait assiégés et l'armée perse était partagée entre ces différentes rivalités. Abgar établit un rapprochement dans cette famille divisée. Il décida qu'Ardaschès régnerait et pourrait transmettre la couronne à ses enfants et que ses frères appelés Bahlav, du nom de leur ville originaire et de leur grand et très-fertile pays, tiendraient le premier rang parmi les satrapes de la Perse, comme véritablement princes du sang royal. En vertu d'un pacte scellé par un serment, il stipule que, dans le cas où Ardaschès perdrait ses fils, les princes collatéraux hériteraient du trône. En-dehors des lignées issues de la famille régnante, il les constitua en trois branches distinctes, chacune sous une dénomination particulière, les Garéni-Bahlav, les Souréni-Bahlav, et leur sœur Asbabedi-Bahlav, d'après les fonctions (84) que remplissait son mari dans le royaume. Elle était, en effet, l'épouse du général en chef des Ariens. On dit que saint Grégoire (85) appartenait à la branche Sourénian-Bahlav, et les Gamsaragans (86) à la branche Garénian-Bahlav.

De retour de son voyage en Orient et rentré dans sa ville

d'Edesse, Abgar se ligua avec [Aréthas], roi de Pétra, auquel il fournit un contingent de troupes ; car Aréthas était en guerre avec Hérode (87), à cause de l'injure que celui-ci avait faite à sa fille [en la répudiant]. Les troupes d'Hérode éprouvèrent un rude échec, grâce à l'intervention des braves Arméniens. La justice divine semblait vouloir venger ainsi le meurtre de saint Jean-Baptiste.

A cette époque, l'empereur confia à Marinus, fils d'Eustorgius (88), le gouvernement de la Phénicie, de la Palestine, de la Syrie et de la Mésopotamie. Abgar envoya dans la ville de Beth-Koupin (Eleuthéropolis) (89), deux de ses principaux officiers, Mar-Ihap, ptiaschkh d'Agh'edznik' (90) et Schamschakram (91), chef de la satrapie d'Abahounik' (92), avec Anan, l'un de ses courtisans, pour faire connaître à Marinus, les motifs du voyage du roi en Orient, entrepris pour rétablir la paix entre Ardaschès et ses frères. Ces messagers rencontrèrent à Eleuthéropolis le chef romain, qui les reçut très-honorablement et les chargea de dire à Abgar de n'avoir aucune appréhension à ce sujet du côté de l'empereur. De là, les députés se rendirent à Jérusalem, afin d'y voir Notre-Seigneur Jésus-Christ, attirés par le bruit des miracles qu'il opérait. En ayant été eux-mêmes témoins oculaires, ils en firent le récit à Abgar, qui crut que c'était bien réellement le fils de Dieu. Il lui adressa une lettre, dans laquelle il le suppliait de venir le guérir de douleurs rebelles à la science humaine. C'est là un fait attesté par ces paroles de l'Evangile : « Il y avait des païens qui vinrent à lui. » (S. Jean, Evang., XII, 20). Le Sauveur ordonna à l'apôtre Thomas de faire une réponse au roi, réponse qui fut remise à Abgar par Anan, son courrier (93), avec le portrait du Sauveur, peint d'après nature. Ce portrait fut conservé à Our'ha (94) ville des Edesséniens jusqu'au temps de l'empereur grec Nicéphore, qui le fit apporter à Constantinople par le métropolite Abraham (95).

Après l'ascension de notre Sauveur, Thaddée, l'un des soixante-douze disciples, alla, par ordre de l'apôtre Thomas, vers Abgar et lui rendit la santé. Ce prince crut alors au Dieu vivant, lui et toute sa cité d'Edesse. Il mourut après un règne de trente-huit ans.

Ananoun, son fils, qui lui succéda à Edesse, fit mettre à mort Atté, que l'apôtre avait établi pour son remplaçant dans cette ville. On lui coupa les deux pieds, pendant qu'il était assis dans la chaire où il enseignait. L'apôtre Thaddée qui était passé chez Sanadroug (96), fut martyrisé par l'ordre de ce prince, dans le district d'Ardaz (97). L'Arménie échut aussi, pour être évangelisée, à l'apôtre Thomas et à Barthélemy, qui souffrit le martyre chez nous, dans la ville d'Arabiôn (98). Le meurtre d'Atté, commis par le fils d'Abgar, ne resta pas impuni. La chute d'une colonne de marbre lui brisa les pieds et le tua. Aussitôt Sanadroug, fils de la sœur d'Abgar, qui déjà régnait sur la [Grande-]Arménie, vint fixer le siége de sa puissance à Edesse. La ville de Nisibe (Medzpin) ayant été ruinée par un tremblement de terre, il acheva de la démolir et la rebâtit plus magnifique qu'auparavant et l'entoura d'un double rempart. Monté sur le trône, la douzième année d'Ardaschès, roi de Perse, il vécut encore trente ans; il mourut à la chasse, atteint d'une flèche lancée par une main inconnue, et qui lui perça les entrailles. Il expia ainsi les tourments qu'il avait fait souffrir à [Santoukhd] sa sainte fille.

Après la mort de Sanadroug, les Arméniens eurent pour roi Erouant [II] (99), la septième année de Darius, le dernier ·

du nom, roi de Perse (100). Erouant fit périr tous les fils de
Sanadroug, à l'exception d'Ardaschès, jeune enfant sauvé
des mains des meurtriers par Sempad (101), son père
nourricier et son gouverneur, qui le conduisit à la cour du
roi de Perse, Darius, pour y être élevé. Le défiance s'éveilla
dans le cœur d'Erouant; il invoqua le secours des Romains,
pensant qu'il n'avait rien à craindre de leur part, sous le
gouvernement de Vespasien et de Titus, et leur abandonna
la Mésopotamie, soustraite dès lors à la domination arménienne. Le tribut qu'Erouant payait aux Romains fut de
beaucoup augmenté.

Les commissaires romains, ayant très-solidement fortifié
la ville d'Edesse, en firent le dépôt de leurs trésors, y réunirent toutes les archives, et y établirent deux écoles, l'une
pour le syriaque, l'autre pour le grec (102).

Sous le règne d'Erouant, la cour [d'Arménie] fut transportée d'Armavir, plus à l'ouest, sur une colline escarpée,
autour de laquelle l'Araxe se partageant dans sa direction
vers la rivière Akhourian (103), environne, comme d'un
rempart, cette colline appelée aujourd'hui Erouantak'ar
(la roche d'Erouant) (104). Le roi y transporta tout ce que
renfermait Armavir, à l'exception des idoles. A quarante
asbarez (105) environ de distance, vers le nord, il bâtit une
petite ville qu'il nomma Pakaran (106) où il les déposa, et
institua grand-prêtre son frère Erouaz.

Comme Ardaschès était devenu grand, Sempad demanda
au roi de Perse un corps de troupes pour l'aider à placer
le jeune prince sur le trône d'Arménie. A cette nouvelle,
Erouant rassembla autour de lui une armée composée
d'Arméniens et de Géorgiens. Le combat fut livré dans le
lieu dit Marats-Mark (la prairie des Mèdes), sur les bords de

l'Akhourian, à une distance de 300 asbarez de la ville d'Erouant. Ce souverain, ayant été vaincu, se réfugia dans cette ville. Ardaschès et ses troupes l'y poursuivirent, et, l'ayant atteint, le tuèrent dans sa forteresse.

Ardaschès monta sur le trône la vingt-neuvième année de Darius, roi de Perse. Etant venu dans un lieu où l'Araxe et le Medzamôr (107) confondent leurs cours, et ayant trouvé agréable la colline qui s'élève en ce lieu, il y fonda une ville qu'il appela de son nom Ardaschad (Artaxate) (108), pour la construction de laquelle les forêts de l'Araxe lui fournirent d'abondants matériaux. Tous les ornements que possédait la ville d'Erouant et que ce prince y avait fait venir d'Armavir et ceux dont lui-même était l'auteur, Ardaschès les transporta à Artaxate. Ensuite il ordonna de fixer les limites des villages et des campagnes, car il avait accru considérablement la population de l'Arménie, en y appelant quantité d'étrangers de diverses nations, qu'il établit sur les montagnes, dans les vallées et les plaines. Voici comment il marqua ces limites: il fit tailler des pierres quadrangulaires, creusées en forme de jattes et les fit enfoncer jusqu'à leur milieu dans la terre, en faisant saillir la partie quadrangulaire un peu au-dessus du sol. Ardaschir, fils de Sassan, jaloux d'un pareil travail, voulut l'imiter en Perse, et y attacher son nom, afin de faire oublier celui du souverain arménien.

On dit que, du temps d'Ardaschès, il ne resta aucun terrain inculte en Arménie, ni sur les montagnes, ni dans les plaines; tout le pays était peuplé. Sous son règne, furent réglés les cycles des semaines, des mois et des années (109). Les lacs intérieurs furent livrés à la navigation, des ponts construits, les instruments de pêche mis en usage: Jusqu'à lui, l'agriculture était partout négligée ; les habitants, comme les peuplades septentrionales, se nourrissaient de chairs crues. Ardaschès mourut après un règne de 41 ans, et eut pour successeur son fils Ardavazt (Artabaze).

Au bout de quelques jours, ce prince ayant traversé le pont de la ville d'Artaxate, pour aller chasser les sangliers et les onagres, une hallucination lui troubla le cerveau. Entraîné au loin par son cheval, il tomba dans une excavation profonde, où il disparut englouti.

Diran, autre fils d'Ardaschès, monta sur le trône, la troisième année de Bérose Ier, roi de Perse. Diran possédait deux chevaux, plus rapides que Pégase, infatigables à la course. On eût dit qu'ils n'effleuraient pas la terre, mais qu'ils volaient à travers les airs.

Comme il se rendait dans le district d'Eguégh'iats (110), il périt en route, surpris par une rafale de neige septentrionale, après un règne de vingt-un ans.

Il eut pour successeur son frère Tigrane (Dikran), le dernier du nom, la vingt-quatrième année de Bérose ; Tigrane régna quarante-deux ans, jusqu'à sa mort.

Après lui vint Vagh'arsch (Vologèse), son fils, qui monta sur le trône la trentième année de son homonyme Vagh'arsch, roi de Perse. Il bâtit un grand bourg, dans le district de Passen, là où l'Araxe et le Mourts (111) mêlent leurs eaux, et appela ce bourg de son nom, Valarsavan (Vagh'arschavan) (112). C'est dans ce lieu que sa mère lui avait donné le jour, tandis qu'elle se rendait à sa résidence d'hiver dans l'Ararad (113). Il entoura d'un rempart le bourg fortifié de Vartkès, (114) situé sur le fleuve K'asakh (115). Vartkès, qui était le mari de la sœur d'Erouant [premier du nom], vécut peu ; il descendait de Haïg. C'est lui qui avait construit ce bourg. Vagh'arsch l'entoura de murailles et de solides défenses, et lui donna le nom de Vagh'arschabad (Valarsabad) (116). On l'appelle aussi Ville-Nouvelle. Vagh'arsch mourut après un règne de vingt ans. Je puis vous affirmer que, par la bonne réputation qu'il laissa, il se survécut à lui-même beaucoup plus que tous les rois fainéants; car, sous son règne, les peuplades du nord, les Khazirs et les Passils (117) s'étant ligués pour faire une incursion par la porte de Djor (118), sous la conduite de leur roi Vnaseb Sourhab (119), franchirent le fleuve Cyrus et fondirent de ce côté-ci. Vagh'arsch s'étant porté à leur rencontre, avec une masse de population et d'hommes de guerre, les poursuivit jusqu'au-delà du défilé de Djor. Là, les ennemis se ralliant, engagèrent un nouveau combat, dans lequel ils furent repoussés et mis en fuite par les braves Arméniens; mais Vagh'arsch périt percé par les traits d'habiles archers.

Après lui, régna Khosrov (Chosroès) son fils, la troisième année d'Artaban (Ardavan) roi de Perse. Khosrov, ayant aussitôt rassemblé les troupes arméniennes, franchit la grande montagne (le Caucase) pour tirer vengeance de la mort de son père. Ayant défait par l'épée et la lance ces vaillantes nations, il se fit remettre un homme sur cent d'entre les principaux, et, en signe de sa domination, il érigea une colonne portant une inscription grecque.

A cette époque, Ardaschir, fils de Sassan, tua Artaban, roi de Perse, et s'empara de la couronne. Khosrov, roi d'Arménie, instruit de cette usurpation, en donna avis à Philippe, empereur des Romains, en lui demandant du secours. Philippe lui donna un corps considérable de troupes, tirées de l'Egypte et du désert, jusqu'aux bords de la mer du Pont. A la tête de ces forces immenses, Khosrov s'avance contre Ardaschir, le bat, et le met en fuite ; il lui enlève l'Assyrie et les autres contrées de résidence royale (120). Alors Ardaschir se sauve loin de Khosrov, vers les confins de l'Inde. Abattu par ces revers, il prodigue les promesses à ses satrapes, pour s'assurer si l'un d'eux le délivrera de son adversaire, soit par le poison, soit par le glaive. Il s'engageait à donner pour prix de ce service de riches présents, et le second rang, immédiatement après lui, dans toute l'étendue du pays des Ariens. Anag, de la famille Sourénian-Bahlav, séduit par ces promesses, consent à immoler Khosrov, et feignant une rupture avec Ardaschir, s'enfuit vers le roi d'Arménie. Parvenu dans la plaine d'Ardaz, il lui arriva de prendre gîte non loin de la Porte (121) du saint apôtre Thaddée. Là, comme dans la partie réservée d'une tente (122), là, dit-on, la mère de notre grand et saint Illuminateur [Grégoire] le conçut dans son sein.

Après deux ans passés en Arménie et dans le cours de la troisième, Anag assassina Khosrov. Ce prince avait régné 48 ans. Dès lors Ardaschir put envahir sans obstacle notre pays. Ayant chassé les troupes grecques, il le saccagea et en pilla la plus grande partie, y imposa ses lois et fixa pour limites des fossés qu'il fit creuser.

Après la mort de Khosrov, Ardavazt (Artabaze), satrape de la race des Mantagounis (123), ayant pris avec lui Tiridate, fils du roi (124), se réfugia sur le territoire grec.

Une femme chrétienne, nommée Sophie, nourrice du jeune Grégoire, le sauva en l'emportant à Césarée de Cappadoce. Ce rejeton de la race Bahlav fut élevé dans cette ville et voué à la foi de Jésus-Christ.

Ardaschir, après le meurtre de Khosrov, domina sur

l'Arménie vingt-six ans. Il mourut laissant l'empire de la Perse, à son fils Schabouh (Sapor) (85), nom qui signifie *fils de roi* (125).

Tiridate, élevé chez les Romains, donna maintes preuves de bravoure; ayant saisi de chaque main deux taureaux sauvages, par les cornes, il les leur arracha en les tordant violemment. Une autre fois, aux courses de chars du Grand-Cirque (126), il fut renversé par l'adresse de son rival et précipité à terre. Saisissant alors le char de celui-ci, il l'arrêta tout court à la grande admiration des spectateurs.

Tout ce que nous avons rapporté, à partir du règne d'Arsace le Brave jusqu'ici, est [extrait] du grand historien Moïse de Darôn (127), évêque de Pakrévant et d'Arscharounik' (128). La mort de Khosrov marque un point d'arrêt dans les annales de notre patrie.

ANNOTATIONS

 — (1) Cette table est précédée dans le Ms B. N. 99, d'un titre ainsi conçu : *Histoire des temps [écoulés], composée par Etienne de Darón, surnommé Açogh'nig*. Dans l'éd. Schahn. : *Histoire raisonnée (ou critique), par Etienne de Darón, extraite des documents historiques.* Mais la table manque dans le Ms B. N. 99.

(2) L'auteur a sous-entendu les historiens arméniens. Car, après avoir mentionné les livres historiques de l'Ancien Testament, et ensuite deux écrivains grecs chrétiens, Eusèbe et Socrate, il énumère ceux de son pays, ses devanciers, au nombre de neuf, depuis Agathange jusqu'à Jean Catholicos, du IVe au IXe siècle.

(3) Les historiens arméniens appellent ces princes *Ptoléméens*, du nom du premier d'entre eux, Ptolémée, fils de Lagus ; les *Lagides* des modernes.

(4) En arménien *Mar* ou *Maratsi*, « Mède » ; *Madaï*, dans le tableau ethnographique de la Genèse, x, 2. Dans les inscriptions cunéiformes *Mada;* les Mèdes d'Hérodote. Ce nom de *Mar* prit plus tard en arménien la forme *Mouratsan*, dénomination qui avait prévalu et qui persistait encore au ve siècle de l'ère chrétienne, comme nous le voyons dans Moïse de Khoren (*Hist. d'Arménie*, II, 8). La forme *Mar* ou *Mour* était très-ancienne ; elle avait cours, à ce qu'il paraît, dans les chants héroïques de l'Arménie païenne, comme on peut l'inférer du témoignage du même historien. M. Emin a cherché à l'expliquer, mais sans rien dire de concluant. (Trad. russe d'Açogh'ig, annot. addit., n° 5.)

L'étymologie du nom de *Mar*, par lequel les Arméniens désignent la nation des Mèdes, étymologie qui est restée jusqu'ici une énigme pour tous les arménistes, me paraît s'expliquer par le rapprochement de ce nom avec celui d'Ajtahag (Astyage). La signification originelle de ce dernier mot, en zend *Ajis Daháka*, une des incarnations du génie du mal, le serpent démoniaque, est parfaitement connue de Moïse de Khoren qui nous dit (*Hist. d'Arménie*, I, 30), qu'Astyage se traduit par *vischab* « dragon, gros serpent, » et que les descendants d'Astyage, qui, après la défaite de ce souverain, par le roi d'Arménie Tigrane Ier, furent transportés et colonisés au pied du Massis ou Ararad, avaient reçu le surnom de *Vischabazounk'* », descendants ou dragon »; d'après cette donnée historique et philologique, il est facile de comprendre l'analogie qui rattache le nom de *Mar*, en zend *Mára*, en persan *Már*, « serpent, » au mot *vischab* et comment ce nom est devenu pour les Arméniens l'appellation vulgaire des Mèdes. (Cf. F. Justi, *Handbuch der zend sprache*, sub vo. *Mára*, et G. Darmesteter, Ormazd et Ahriman. *Bibliothèque de l'Ecole des hautes études*, 29e livraison, *passim*.)

(5) En arménien *Arschagouni*, « Arsacide », du nom du fondateur de la dynastie des Arsacides ou Parthes, Arsace surnommé le Brave. La terminaison *ouni*, très-fréquente en arménien archaïque indique la descendance d'une race royale ou princière et forme les noms ethniques des maisons satrapales d'Arménie. (V. la note 31 du chap. iv).

Chapitre Ier. — (1) Il y a dans le texte : *Les poëtes et les rhéteurs*. Ce dernier mot me paraît devoir être pris dans le sens général d'*écrivain en prose*, et l'auteur avoir peut-être voulu distinguer les deux formes sous lesquelles se manifestèrent successivement les créations de l'esprit humain, historiques ou littéraires, d'abord en vers chantés et dans des compositions métriques d'une étendue plus ou moins considérable, et ensuite, dans un langage libre de toute entrave conventionnelle, *oratione soluia*. Ce phénomène s'est produit dans l'ancienne Arménie, comme en Grèce et partout ailleurs. Moïse de Khoren atteste, dans divers passages de son *Histoire d'Arménie*, l'existence de poëmes historiques, qui étaient répétés encore de son temps, au ve siècle, au son de la lyre appelée *pampir'n*.

Suivant M. Emin (trad. p. 1, note 1), le mot *poëte* aurait dans ce passage l'acception de *savant*, *philosophe* ou *historien*, et le mot *rhéteur* ou *orateur*, le sens d'homme qui a reçu une éducation complète et qui a été initié aux secrets de la scolastique du moyen âge.

(2) On présume que c'est Samuel qui écrivit le premier et le second livres des Rois, puisqu'ils portent son nom. Quant aux deux autres, ils sont de différents auteurs, parmi lesquels on cite Jéhu, fils de Hanan le Voyant, dont il est question dans le second livre des *Paralipomènes* (xix, 2 et 3). Le quatrième livre est attribué à Jérémie, non point tout entier, mais pour ce qui concerne le règne de Josias. Des additions furent faites par différentes mains à ce quatrième livre qui, réuni aux trois premiers, compléta le corps d'annales que nous pos-

sédons aujourd'hui. *Voir* le Prologue des quatre livres des Rois, dans la Bible arménienne, éd. de Zohrab, Venise, 1805, in-4°.

(3) Dans la Bible arménienne, les livres d'Esdras et de Néhémie correspondent de la manière suivante, avec la Vulgate, c'est-à-dire avec l'ordre adopté par le concile de Trente.

Bible arménienne.	*Vulgate.*
1er livre. Canonique.	3ᵉ livre. Extra-canonique.
2ᵉ — Canonique.	1er — Canonique.
Néhémie.	2ᵉ — Canonique.
3ᵉ livre. Extra-canonique	4ᵉ — Extra-canonique, en partant du chap. iii.

(4) Il y a quatre livres portant le nom des Machabées et dont les deux premiers seulement sont considérés comme authentiques. Le troisième relate des événements survenus sous le règne de Ptolémée Philopator, roi d'Égypte, et antérieurs, par conséquent, de plus de 40 années aux faits que rapportent les deux premiers, et qui appartiennent au règne du roi de Syrie, Antiochus Epiphane. Le troisième livre est compris dans le canon arménien.

(5) Açogh'ig fait allusion au traité attribué à Josèphe et qui est intitulé : *De Maccabaeis liber seu de rationis imperio*, qui forme le IVᵉ livre des Machabées. Il se trouve dans *Fl. Josephi Opp.* T. II, ed. G. Dindorf. Paris, 1847, collection des auteurs grecs de F. Didot. Voir sur cette production du judaïsme hellénique la dissertation de M. J. Freudenthal, intitulée : *Die Flavius Josephus beigelegte schrift ueber die Herrschaft der Vernunft* (IV *Makkabaerbuch*), Breslau, 1869, in-8°.

(6) On ne possédait, du texte grec de la Chronique d'Eusèbe, que des fragments recueillis et mis au jour par J. J. Scaliger, dans son *Thesaurus temporum*, Leyde, 1666, in-fol., lorsque, au commencement de notre siècle, on retrouva, à Constantinople, une traduction arménienne de l'ouvrage complet, faite au vᵉ siècle, par Moïse de Khoren, à ce que l'on suppose. Une version latine, due à la collaboration d'un docte religieux, Jean Zohrab, et du cardinal Angelo Maï, parut à Milan en 1816, in-4°. La même année, Jean-Baptiste Aucher, de l'ordre des Mekhitharistes de Saint-Lazare, donna, de son côté, une autre traduction latine avec le texte arménien en regard, en 2 vol. in-4°, à Venise, imprimerie du couvent de Saint-Lazare. Une nouvelle publication à laquelle cet ouvrage a donné lieu est celle de MM. A. Schoene et H. Petermann, Berlin, 1875, in-4°. Le premier volume seulement a paru jusqu'ici.

Les dates et les calculs d'Açogh'ig, comme ceux de tous les chronographes et historiens arméniens, étant fondés sur le système chronologique d'Eusèbe, il peut être utile, pour avoir l'intelligence de ces calculs et pouvoir les contrôler, d'avoir sous les yeux l'ensemble de ce système. Le voici d'après la réduction qu'en a donnée le chronographe Samuel d'Ani, dans le tableau suivant que je reproduis d'après mes *Recherches sur la chronologie arménienne, technique et historique*, t. Ier, p. 39-40.

Depuis Adam, jusqu'au déluge, on compte. . . . . .   2,242 ans.
Du déluge à la construction de la Tour de Babel. .   525 »
De la construction de la Tour, jusqu'à Abraham. .   417 »
Du déluge, jusqu'à la naissance d'Abraham.   942   »
D'Abraham, jusqu'à Moïse et la sortie d'Egypte. .   505 »
De la sortie d'Egypte, jusqu'à Salomon et la première construction du Temple . . . .   480 »
De la construction du Temple, jusqu'à sa restauration . . . .   511 »
De la restauration du Temple, jusqu'à la naissance de Jésus-Christ . . . .   518 »
Somme de ces années réunies.   5,198   »

Je place maintenant ce tableau en concordance avec les ères employées en synchronismes par Eusèbe et mises en rapport avec notre ère vulgaire, à laquelle on pourra ainsi faire l'application de toutes les notations fournies par l'évêque de Césarée.

	Age du monde	Ère d'Abraham	Olympiades d'Eusèbe	d'Iphitus	Ère de Rome d'apr. Varron	Ère chrétienne
Adam	1					— 5200
Déluge	2242					2958
Tour de Babel. . . .	2767					2433
Naissance d'A-braham.	3184	1				2016
Moïse et sortie d'Egypte.	3689	506				1511
Salomon et construc-tion du Temple. .	4169	986				1131
Restauration du Temple	4680	1497	65, II	65, I	234	520
Naissance de Jésus-Christ	5198	2015	194, IV	194, III	752	2
	5199	2016	195, I	» IV	753	1
	5200	2017	» II	195, I	754	+ 1

N.B. — L'année olympique d'Eusèbe est réglée par le calendrier solaire des Syro-Macédoniens et s'ouvre le 1er d'Hyperbérétæus ou de

Tischrin 1ᵉʳ (octobre), tandis que les olympiades d'Iphitus sont calcu-
lées d'après le cours de l'année luni-solaire des anciens Grecs, dont le
commencement était fixé au 1ᵉʳ d'Hécatombæon qui suivait le
solstice d'été, c'est-à-dire vers les premiers jours de juillet. Par
suite, le cours de l'olympiade eusébienne anticipe de neuf mois environ
sur celui de l'olympiade d'Iphitus.

(7) Socrate le Scolastique, auteur d'une histoire ecclésiastique
écrite en grec et divisée en sept livres, qui comprennent un espace de
103 ans, depuis 306 jusqu'à 409 de J.-C. Il existe une version arménienne encore inédite de cet ouvrage, faite au VIIᵉ siècle, avec une
continuation par le vartabed (docteur en théologie) Philon de Thirag.
Cf. *Quadro delle opere anticamente tradotte in armeno* par feu
Mgʳ Soukias Somal, Venise, 1825, brochure in-8º de 46 p., et *Catalogue de la littérature arménienne*, par M. Patcanian (Patkanoff),
Saint-Pétersbourg, 1860, brochure in-8º de 134 pp. Cette version est
mentionnée dans le catalogue de la bibliothèque du couvent patriarcal
d'Edchmiadzin, publié à Tiflis, in-4º, 1865, sous le nº 1640.

(8) Agathange, le premier en date des historiens arméniens, dont
les ouvrages nous soient parvenus, vivait vers la fin du IIIᵉ siècle
de notre ère et le commencement du IVᵉ. Il était Romain d'origine,
probablement de l'une des provinces orientales de l'Empire où la
langue grecque était en usage. Il fut secrétaire du roi d'Arménie,
Tiridate, le contemporain de Dioclétien et de Constantin le Grand. Son
livre présente le tableau des événements dont l'Arménie fut le théâtre,
lors de la chute de la dynastie des Arsacides de Perse et l'avénement
des Sassanides, et en particulier sous les règnes de Khosrov le Grand
ou Chosroès Iᵉʳ, roi d'Arménie et de son fils Tiridate ; il raconte en
détail la conversion de ce dernier et de ses peuples au christianisme, opérée par saint Grégoire l'Illuminateur. Le livre d'Agathange
est précieux, surtout par les renseignements qu'il fournit sur l'ancien
culte et les temples de l'Arménie païenne. Il a eu plusieurs éditions :
deux à Constantinople (1709 et 1824) et deux à Venise, au couvent de Saint-Lazare (1835 et 1862), mais cette dernière n'est à proprement parler qu'une simple réimpression. L'édition de Venise a
été faite sur un manuscrit de la bibliothèque nationale de Paris,
l'un des textes les plus anciens et les meilleurs d'Agathange, connus
jusqu'ici. Une traduction abrégée en italien par les Mekhitharistes de
Venise a paru dans cette ville (1843), in-8º, traduction sur laquelle
V. Langlois a fait la version française qu'il a donnée dans le tome Iᵉʳ
de sa *Collection des historiens anciens et modernes de l'Arménie*,
en l'annonçant comme élaborée par lui d'après le texte original.

(9) Moïse, dit de Khoren ou Khorni, et quelquefois aussi de Darôn,

du nom du bourg ou du district où il était né, dans la province de Douroupéran, à l'ouest du lac de Van, le plus savant et le plus célèbre de tous les écrivains arméniens. Disciple de saint Mesrob et du patriarche saint Sahag (Isaac), les rénovateurs littéraires de l'Arménie, il entreprit, pour compléter son éducation, de parcourir le monde hellénique, fréquenta les écoles de Byzance et d'Athènes, et alla jusqu'à Rome. Le premier fruit de ses studieuses pérégrinations est son *Livre des chries* ou *progymnasmata,* composé sur le modèle de ces exercices oratoires que les rhéteurs grecs de cette époque avaient mis si fort en vogue. Si l'on en juge par le caractère archaïque du style de ce livre qui tient de la première manière de l'auteur, on doit croire qu'il l'écrivit peu de temps après son retour dans sa patrie. Ce n'est que plus tard, et lorsqu'il était parvenu à la plénitude de la science et de son talent d'écrivain qu'il composa son *Histoire d'Arménie,* ouvrage qui se recommande par une connaissance approfondie des sources occidentales et orientales, par l'esprit judicieux qui l'anime, autant que par la magnificence et la régularité du style, qualités qui l'égalent aux chefs-d'œuvre historiques que la Grèce et Rome nous ont légués. Aussi en existe-t-il un grand nombre d'éditions et de traductions. L'édition *princeps* est celle qui parut à Amsterdam en 1695, petit in-8°, par les soins de l'évêque Thomas de Vanant, et qui a été reproduite par les frères Whiston, à Londres, 1737, in-4°. La plus récente et la meilleure est celle donnée par les Mekhitharistes, avec les variantes de plusieurs manuscrits, dans les *Œuvres complètes* de notre auteur, Venise, 1843, in-8°. Les traductions de l'*Histoire d'Arménie,* sont les suivantes : celle des frères Whiston, en latin, publiée par eux avec le texte; celle en français de M. Levaillant de Florival, Paris, 1838, in-8°, retouchée et réimprimée à Venise, en 1840, in-8°, et sur laquelle a été faite, avec quelques corrections et des notes, la version italienne des Mekhitharistes, Venise, 1841 et 1850, in-8°; celle de M. l'abbé Cappelleti, en italien, Venise, 1841, in-8°. Des deux versions russes, celle du diacre Joseph Ohannesoff, Saint-Pétersbourg, 1804 ou 1805, est très-imparfaite; celle de M. Emin, la dernière en date et la plus fidèle, a vu le jour à Moscou, en 1858, in-8°.

A l'*Histoire d'Arménie,* il faut joindre, comme appendice, la Géographie, qui est un abrégé du traité de Pappus d'Alexandrie, mais original dans la description de l'Arménie et dans les détails qui y sont consignés sur les productions naturelles des pays de l'Asie centrale et de l'extrême Orient, et dont plusieurs étaient importées alors par le commerce dans l'empire des Sassanides.

Ses autres compositions sont des monographies historiques, des discours et des panégyriques, d'un caractère religieux ou hagiographique, qui ont leur intérêt au point de vue de 'histoire ecclésiastique ou des sciences théologiques, et aussi comme modèles de style.

Moïse prolongea sa carrière, jusqu'aux limites d'une extrême vieillesse, si l'on s'en rapporte au témoignage de l'historien Thomas Ardzrouni ; ce qu'il y a de certain, c'est qu'il travailla à son *Histoire d'Arménie* étant déjà très-âgé, comme il nous l'apprend lui-même. Nous ne savons de sa biographie autre chose que ce qu'il nous en raconte lui-même, lorsqu'il se met en scène, à propos de ses voyages et aussi qu'il fut évêque des districts d'Arscharouni et de Pakrévant. L'admiration que lui ont vouée ses compatriotes lui a valu de leur part les surnoms de *Grand*, et de *Père des lettrés*, et peut-être aussi le titre de saint, sous lequel il est inscrit dans le ménologe arménien.

(10) Le vartabed (docteur) Élisée, secrétaire de Vartan Mamigonien, général en chef des Arméniens, dans la guerre qu'ils soutinrent contre Yazguerd (Yezdedjerd II), roi de Perse, s'est fait l'historien des événements politiques et militaires survenus dans le cours de cette lutte, entreprise par les Arméniens pour la revendication de leur indépendance nationale. Ce livre est précieux pour les renseignements qu'il contient sur la cour des monarques sassanides et l'organisation religieuse de leur royaume sous la loi de Zoroastre. Il est écrit d'un style doux et élégant, et en même temps vif et pathétique. Elisée est aussi l'auteur de plusieurs compositions ou discours d'un caractère théologique ou moral, qui ont été réunis dans l'édition de ses *OEuvres complètes*, Venise, 1838, in-8°, et où il laisse percer sa croyance au millénarisme, croyance si répandue dans les premiers siècles du christianisme. Les éditions de son ouvrage principal, l'*Histoire de la guerre contre les Perses*, sont très-nombreuses, depuis celle d'Abraham d'Edchmiadzin, parue à Constantinople en 1764, jusqu'à l'édition de 1825 et les réimpressions de 1852 et 1864, données à Venise, par les PP. Mekhitharistes. Nous avons encore à citer l'édition de Mgr Khoren Calfa, publiée à Théodosie ou Caffa, en Crimée, en 1864, d'après le célèbre manuscrit des Antzévatsis, et celle qui a vu le jour en 1865, au couvent de Saint-Jacques, à Jérusalem, par les soins du patriarche Esaïe, et qui sont utiles à consulter pour les variantes qu'elles fournissent.

Elisée a été traduit en plusieurs langues européennes : en anglais, mais sous forme d'abrégé, par M. Fr. Neumann, de Munich, Londres, 1828, in-4° ; en italien, par M. l'abbé Capelletti, Venise, 1840, in-8° ; en français, mais en manière de paraphrase très-infidèle, par le P. Garabed Kabaradji, Paris, 1845, in-8° ; en russe, par M. Pierre Schanscheïeff, Tiflis, 1853.

(11) Lazare dit Ph'arbetsi, parce qu'il avait fait profession de la
vie religieuse dans le couvent de Ph'arbe, petit village de la province
d'Ararad, est connu par son *Histoire d'Arménie*, écrite au vᵉ siècle,
et qui, faisant suite à celle d'Elisée, embrasse l'intervalle de 463 à 484
ou 485. Lazare raconte l'invention de l'écriture arménienne, par
saint Mesrob, l'organisation ecclésiastique du pays et les institutions
pédagogiques, fondées par ce savant et infatigable docteur. Après avoir
passé rapidement sur la période qu'embrassent les récits de ses prédécesseurs, il retrace en détail et avec un esprit politique très-remar-
quable les faits et gestes de Vahan Mamigonien, d'abord chef des Arméniens par sa grande position sociale et son autorité morale, et ensuite
institué gouverneur ou marzban (garde-frontières), par le roi de Perse.

Il n'existe qu'une seule édition de Lazare de Ph'arbe, publiée en
1793, à Venise, in-12, et, en second tirage, dans la même ville, 1807.
La première traduction, qui est en français et qui est signée du nom
du P. Mekhithariste Samuel Ghésarian, a paru dans le tome Iᵉʳ de
la collection des *Historiens, anciens et modernes de l'Arménie*, de
M. Langlois. On peut voir notre appréciation de cette traduction dans
le *Journal des Savants*, cahiers d'octobre et novembre 1869 et 1871.

Lazare de Ph'arbe nous a laissé aussi une lettre adressée à Vahan
Mamigonien, pour se justifier des accusations portées contre lui par ses
ennemis. Cette lettre, retrouvée par M. Emin, a été publiée par lui, mais
d'une manière assez défectueuse, à Moscou, en 1853, in-8° de 68 pages.

(12) Le nom de Faustus de Byzance a été déplacé dans cette liste
des historiens arméniens, puisqu'il vient après Moïse de Khoren,
Elisée et Lazare de Ph'arbe, qui appartiennent au vᵉ siècle, et que
lui-même est du ivᵉ. La patrie de Faustus nous est inconnue ; son
nom, qui est latin, pourrait faire supposer qu'il était né dans les provinces orientales de l'Empire romain, si ce nom n'était pas peut-être
une traduction de son nom original. Quoi qu'il en soit, on peut affirmer que Faustus n'était pas Arménien de naissance ; tous les autres
historiens de cette nation semblent le considérer comme un étranger
et témoignent pour lui peu de sympathie ; et ce qui confirme cette conjecture, c'est le caractère des documents dont il s'est servi, qui paraissent provenir de sources toutes différentes de celles où ont puisé
les autres historiens. On a soulevé plusieurs fois la question de savoir
s'il a écrit son livre en grec ou en arménien. Je crois avoir démontré
que l'hypothèse d'une primitive rédaction arménienne est la plus
vraisemblable, dans le *Journal des Savants*, cahiers précités.

Faustus commence sa narration, au règne de Khosrov (Chosoès II),
dit le Petit, fils de Tiridate, et la continue jusqu'au règne de Khosrov III ; c'est-à-dire de 344 à 388. Cet auteur a été imprimé à Venise, en

1832, in-8°, d'après un manuscrit dont le texte réclame de nombreuses corrections. Une traduction française d'un grand mérite, par les difficultés vaincues, et dont les imperfections sont très-excusables de la part d'un Arménien de Russie, qui a eu à manier notre langue et à s'exercer sur un texte rendu souvent très-obscur par les altérations qu'il a subies, est due à M. Emin ; elle fait partie du tome Ier de la collection Langlois. J'ai essayé d'en donner une idée dans le *Journal des Savants*, cahiers précités.

(13) Le livre de Sébêos contient, sous le titre d'*Histoire d'Héraclius*, le récit des campagnes victorieuses de ce prince contre la Perse, et ensuite de sa lutte malheureuse contre les Arabes, et de leurs premières invasions en Arménie. Ce récit est d'autant plus intéressant, que l'auteur était contemporain et a souvent été témoin oculaire des événements qu'il a enregistrés. L'ouvrage de Sebêos, considéré comme perdu, fut retrouvé dans ces derniers temps dans la bibliothèque d'Édchmiadzin. En 1850, le patriarche Nersès V en fit faire une copie pour M. Thaddée Mihrtadian, qui la publia l'année suivante à Constantinople, in-12. Il en existe une traduction russe, par M. Patkanoff, qui a vu le jour aux frais de l'Académie impériale des sciences de Saint-Pétersbourg, en 1862, in-8°.

(14) Léonce le Prêtre, écrivain de la seconde moitié du viiie siècle, nous a laissé une histoire des invasions arabes en Arménie. Elle comprend l'intervalle écoulé de 661 à 788. Feu l'archimandrite Garabed Schahnazarian en publia une traduction française, à Paris, en 1856, in-8°, et l'année suivante, le texte d'après un manuscrit en sa possession, provenant, à ce qu'il paraît, de la bibliothèque d'Edchmiadzin, et mis au jour dans sa *Galerie historique arménienne*. (Paris, 11 vol. in-12.) Plus tard, en 1862, l'Académie impériale des sciences de Saint-Pétersbourg en a fait paraître une traduction russe, due à M. Patkanoff, et qui porte le titre assez impropre de : *Histoire des Khalifes par le vartabed Léonce.*

(15) Schabouh (Sapor), surnommé le Bagratide, parce qu'il appartenait à l'illustre famille de ce nom, était fils d'Aschod, seigneur du district de Sber (Hyspiratis de Strabon et Syspiritis du même géographe et de Constantin Porphyrogénète), dans la province de Haute Arménie. Il vivait vers le milieu du ixe siècle. Nous savons par Jean Catholicos, dont il va être question tout à l'heure, que Schabouh avait écrit l'histoire du règne d'Aschod, dit le Grand, premier souverain bagratide d'Ani (859-890), fils de Sempad le Confesseur. Cet ouvrage, malheureusement perdu aujourd'hui, existait encore, à ce qu'il paraît, au xiie siècle, puisque, outre les écrivains antérieurs à cette époque, qui le citent, comme Jean Catholicos, l'évêque Oukh-

thanès d'Edesse, Açogh'ig et autres, il est encore mentionné par Vartan le Grand qui vivait à la fin du xiiᵉ siècle. Il nous en reste seulement un petit fragment qui nous a été conservé dans l'*Histoire de la séparation de l'Eglise géorgienne d'avec l'Eglise d'Arménie*, d'Oukh-thanès, et qui a été inséré dans le Sbornik (Revue) littéraire du ma-gistros Mseriants, 3ᵉ partie, nº XI, p. 127-131. *Voir* M. Emin., trad. russe d'Açogh'ig., p. 4, note 12.

(16) Jean VI, catholicos (patriarche) d'Arménie (897-925), plus connu sous le nom de Jean Catholicos, a composé une histoire d'Arménie, depuis les temps les plus reculés jusqu'à 920 de l'ère chré-tienne, en se guidant, pour la période ancienne, de Moïse de Khoren et de quelques documents négligés ou oubliés par ce dernier. Mais la partie de cet ouvrage qui a le plus de prix pour nous est celle où il raconte les rapports tantôt pacifiques, plus souvent hostiles des gouverneurs arabes (osdigans) de l'Arménie avec les princes Ba-gratides, leurs exactions et leurs violences à l'égard de ces princes et des populations. Une traduction française, qui n'est à proprement parler qu'une ébauche, faite par Saint-Martin, a été publiée après sa mort par Félix Lajard, Paris, 1841, in-8°. Elle a été appréciée par M. Félix Nève, professeur à l'université de Louvain, dans un article inséré dans l'*Université catholique*, nº 96, décembre, 1843, sous le titre de : *Histoire d'Arménie par Jean VI, dit Jean Catholicos, traduite par Saint-Martin*. La première édition de cet auteur est sortie des presses du couvent de Saint-Jacques, à Jérusalem, 1843, in-12 ; la seconde a paru à Moscou en 1853, in-8° par les soins de M. Emin.

(17) Sarkis 1ᵉʳ ou Serge, catholicos d'Arménie, occupa le siége de 992 à 1019 de notre ère, suivant Tchamitch. (*Hist. d'Arménie*, annot. du livre IV, t. II, p. 1030.) La date de son avénement au patriarcat est confirmée par Açogh'ig, qui marque l'année 441 de l'ère armé-nienne (23 mars 992 — 21 mars 993), dans le chapitre qu'il a consacré au pontificat de Sarkis (Liv. III, ch. 32).

. (18) Tout en affirmant qu'il va remonter jusqu'au premier âge du monde, Açogh'ig omet l'intervalle de 3184 ans, comptés par Eusèbe depuis Adam jusqu'à la naissance d'Abraham, c'est-à-dire 2242 ans de la période anté-diluvienne et les 942 premières années de la période post-diluvienne. Açogh'ig commence aux temps historiques, marqués par des dates sinon certaines, du moins approximatives, comme le fait l'évêque de Césarée qui, dans son Canon, part de la première année ou de la naissance d'Abraham, 43° de Ninus, roi d'Assyrie, et de l'avé-nement de la seizième dynastie, thébaine, en Egypte.

(19) La terre de la Bonne-Nouvelle, *Erguir avediats*, suivant l'expres-sion arménienne, c'est-à-dire, la contrée de Chanaan, ou la Terre promise.

(20) Saint Paul, Ép. aux Galates, III, 17.

(21) La somme de 505 ans est parfaitement exacte, comme on peut s'en assurer par l'addition des chiffres particuliers des générations :

Abraham	100 ans.
Isaac	60
Jacob	86
Lévi	46
Caath	63
Amran	70
Moïse	80
	505

(22) En ajoutant les 505 ans écoulés depuis Abraham jusqu'à Moïse aux 3184, comptés depuis Adam jusqu'à la naissance d'Abraham, nous aurons 3689 ans et non 3889, chiffre énoncé par Açogh'ig. C'est une erreur de sa part, sans doute, comme on peut s'en convaincre, en jetant les yeux sur le tableau chronologique de Samuel d'Ani, basé sur les calculs d'Eusèbe, tableau rapporté ci-dessus (note 7). — Mais Açogh'ig s'écarte parfois des supputations et des données d'Eusèbe, tel que nous le possédons aujourd'hui. Il se peut qu'il ait consulté et suivi ici quelque autre chronographe de sa nation, comme Ananie de Schirag, qu'il cite un peu plus loin.

(23) Je crois que l'auteur fait allusion à Ananie de Schirag, qu'il paraît suivre volontiers et avoir en vue toutes les fois que dans ce premier chapitre, il emploie la locution : *Il dit,* « asê » M. Emin a singulièrement interprété ce passage en attribuant à Abraham ces mots : *un homme digne de foi,* quoi qu'ils ne se lient en rien à la phrase précédente, où se trouve incidemment le nom de ce patriarche.

(24) Le treizième jour du mois de Nissan, dans le calendrier des Hébreux, est la veille du jour auquel Moïse avait fixé la commémoration du *pesah* (passage) ou de la Pâque et la célébration de cette fête. Mais chez les chrétiens, si ce jour tombe dans la semaine, cette fête est renvoyée, comme on le sait, au dimanche suivant. Il se peut aussi (v. ci-dessus, note 18) qu'Açogh'ig ait emprunté le chiffre précité de 3869 à quelqu'un de ces canons chronologiques, comme ceux des moines Egyptiens Anianus et Panodore, qui étaient basés sur un système d'ère mondaine, dont chaque année, divisée par le cycle lunaire de dix-neuf ans, servait à trouver le mois pascal, et, dans ce mois, le quatorzième jour de la lune. Voir le tableau du cours du cycle décemnovennal, à la page 36 de notre *Chronologie arménienne, tech-*

nique et historique, et *ibid.*, Appendice n° II, *sur les Ères mondaines*, p. 167-173.

(25) Origène, dans ses ouvrages, s'est guidé par les calculs de la version grecque des Septante, qui prévalaient dans l'Eglise d'Alexandrie.

(26) Ananie de Schirag, surnommé le *Calculateur* ou le *Computiste*, vivait au VIIe siècle de notre ère. Ses voyages littéraires et scientifiques dans l'empire grec, le conduisirent à Trébizonde, où il se mit pendant huit ans sous la direction d'un mathématicien, nommé Tychicus. De retour en Arménie, il ouvrit une école où il compta des disciples dont les plus célèbres furent Hermon, Tiridate, Azarie Ezéchiel et Cyriaque (Guiragos). Entre autres ouvrages émanés de lui, ses compositions mathématiques sont les plus remarquables. Ce sont : un traité d'arithmétique, un traité du calendrier comparé des différentes nations, dont il ne nous reste que des fragments disséminés dans quelques manuscrits, et enfin un traité des poids et mesures, traduit par le P. Pascal Aucher, et publié avec le texte, au couvent de Saint-Lazare, à Venise, 1821, in-8°. Cf. Soukias Somal, *Quadro della storia letteraria di Armenia,* Venise, 1829, in-8°, et M. Patkanoff, *Catalogue de la littérature arménienne.*

(24) Il y a dans le texte d'Açogh'ig : *Salomon, 40 ans.* C'est une erreur qu'a répétée par inadvertance M. Emin. En effet Salomon était seulement dans la quatrième année de son règne, lorsqu'il entreprit la construction du temple de Jérusalem ; et c'est à cette dernière date que se terminent la série des Juges, le règne de David et la première partie de celui de Salomon. La liste d'Açogh'ig est une combinaison des deux listes dressées par Eusèbe d'après le texte hébreu-samaritain (Chron. t. 1er, p. 160-161), et d'après les Septante (*ibid.*, p. 168-170). On voit que notre auteur s'en tient plus particulièrement au calcul d'Origène et d'Ananie de Schirag, qui portent à 490 ans l'intervalle de l'Exode à la quatrième année de Salomon, au lieu des 480 ans des Septante et d'Eusèbe.

(28) *Josué*, XXIV, 29, et *Livre des Juges*, II, 8.

(29) *Actes des apôtres*, XIII, 17-21. Discours de saint Paul dans la synagogue d'Antioche de Pisidie.

(30) Les noms de ces trois fils de Saül sont omis dans Eusèbe. Le nom du second est Abinadab, comme on le lit dans la Bible (I Rois, XXXI, 2), et non point Esaü, qui figure dans notre auteur, sans que l'on sache ni comment ni pourquoi.

(31) On lit dans Açogh'ig, par une erreur de copiste, probablement, au IIe chapitre des Rois au lieu de : au IIIe livre, comme j'ai corrigé. Le passage dont il est ici question est le verset 1er du chapitre VI.

(32) Notre auteur énonce le chiffre de 440 ans, qui est effectivement dans la Bible arménienne, tandis que, le texte hébreu, les Septante, la Vulgate, ainsi qu'Eusèbe disent 480 ans.

(33) Il y a, dans le texte d'Açogh'ig, comme précédemment « il dit, » que M. Emin traduit sans chercher quel est l'auteur dont le témoignage est invoqué dans ce passage. Je conjecture qu'il s'agit comme ci-dessus, n° 23, d'Ananie de Schirag.

(34) Ces mots : *jusqu'à la mort de David*, ont été omis par Açogh'ig, quoiqu'ils soient dans Eusèbe. Il y a, dans notre auteur, 430 ans, ce qui est une erreur évidente, car $480 - 4 - 40 = 436$.

(35) 942 ans, dans Eusèbe.

(36) 4250 ans, *ibid.*

(37) Plus exactement 143 ans et 8 mois, comme on lit dans Eusèbe (t. Ier, p. 181). Faute d'avoir consulté le texte du chronographe grec, qui lui aurait rendu intelligible ce passage, M. Emin a cru que les 124 ans énoncés par Açogh'ig sont l'âge qu'avait Pygmalion, quand il monta sur le trône, et comme son règne fut de 47 ans, il en résulte qu'il en aurait eu 177 à l'époque de sa mort. Le traducteur russe a employé une très-longue note à ce calcul imaginaire qu'il n'a su expliquer que par une erreur de copiste.

(38) La quatrième année, dans Eusèbe.

(39) 432 ans, *ibid.*

(40) C'est-à-dire à partir de la quatrième année de Salomon, date de la fondation du Temple ; en tout 40 ans de règne. Il faut lire, dans Açogh'ig, 37 ans, comme le prouve le texte d'Eusèbe, la lettre numérale árménienne É ou 5, ayant été confondue ici, comme cela arrive très-souvent dans les manuscrits, avec le Ê ou 7.

(41) Ce synchronisme de la première olympiade et de la première année de Joatham, roi de Juda, a été emprunté par Eusèbe à Jules l'Africain. En réalité, Eusèbe termine la première olympiade à la cinquante-deuxième année d'Azaria, prédécesseur de Joatham et fait commencer la deuxième olympiade à la première année de Joatham (*Voir* Canon, t. II, p. 173). C'est, en effet, ce qu'il donne à entendre en disant que Jules l'Africain compte le total, *koumarê*, de la première olympiade ou des quatre premières années olympiques accomplies, à l'avénement de Joatham. Or, comme la première année olympique d'Eusèbe s'ouvre le 1er octobre 777 av. J.-C., il s'ensuit que la première année royale de Joatham va, d'après le calcul de l'évêque de Césarée, du 1er octobre 773 au 30 septembre 772.

(42) L'addition des chiffres de chaque règne, dans la liste des rois de Juda, produit, en réalité, un total de 454 ans, et non de 441. Eusèbe indique une somme de 432 ans, tandis que, par l'addition des

chiffres successifs, on n'en obtient que 412. Samuel d'Ani a 442 ans, le chronographe grec, Nicéphore, 448, en partant de la première année royale de Salomon, ce qui, par le retranchement des trois premières années de ce prince, antérieures à la construction du Temple, nous fait retomber sur le chiffre 445. S'il y a erreur quelque part, dans ces divergences, c'est plutôt dans les chiffres partiels, sujets chacun à s'altérer sous la plume des copistes, que dans l'énoncé du total.

(43) Le second livre d'Esdras, dans la Bible arménienne, le premier dans les Septante et la Vulgate.

(44) Genèse, XLIX, 10.

(45) 502 ans, dans Eusèbe.

(46) Eusèbe compte 518 ans depuis la restauration du Temple, sous Darius, jusqu'à la naissance de Jésus–Christ, qu'il place à l'an du monde 5198 ou 2015 de l'ère d'Abraham, olympiade 194, IV, c'est-à-dire à l'an 2 avant l'ère chrétienne. Par conséquent, il faut, pour atteindre la dix-neuvième année de Tibère, qui est celle du crucifiement du Christ, ou 5231 de l'âge du monde, 2048 d'Abraham, olympiade 203, I, ajouter en réalité 23 ans et rectifier notre chiffre de 501 en 534.

(47) 6 mois, dans Eusèbe.

(48) Eusèbe assigne à la dynastie des Achéménides une durée de 235 ans et 11 mois (230 ans dans son Canon); mais, en réalité, 243 ans et 3 mois, d'après l'addition des chiffres qu'il attribue à chaque règne. Il la fait commencer à la quinzième olympiade et finir à la cent treizième, c'est-à-dire à partir de l'an 640-637 jusqu'en 329-326 av. J.-C. Ce calcul n'est pas exact, puisqu'en descendant jusqu'à la quatrième année de l'olympiade, 115 = 326, et en tenant compte des six années du règne d'Alexandre sur la Haute-Asie, nous avons le chiffre 320, pour la date de sa mort, contrairement au calcul le plus généralement admis, qui fixe cet événement en 312.

(49) 5 ans, dans Eusèbe.

CHAPITRE II. — (1) Dans ce second chapitre, Açogh'ig continue à transcrire Eusèbe (Chron., Part. 1, t. Iᵉʳ, p. 191 et 251), qui lui--même reproduit un assez long fragment de Porphyre *(ibid.*, p. 236-250). Le texte de notre auteur présentant, dans la liste des Lagides, des altérations de chiffres ou des omissions de noms, nous plaçons sous les yeux du lecteur la liste originale d'Eusèbe :

Ptolemée Soter, fils de Lagus, 40 ans.

Ptolemée Philadelphe, 38 ans.

Ptolemée Evergète, 24 ans.

Ptolemée Philopator, 21 ans.

Ptolemée Epiphane, 22 ans.

Ptolemée Philométor, 30 ans.

Ptolemée Evergète le Jeune, 29 ans.

Ptolemée Physcon, dit aussi Soter, 17 ans et 6 mois.

Ptolemée Alexandre, renversé et mis en fuite, 3 ans.

Ptolemée Philadelphe, 8 ans.

Ptolemée Denys [Aulète], dit aussi Philadelphe, 30 ans.

Cléopâtre, sa fille, 20 ans.

Le total indiqué dans le texte arménien est de 295 ans, dans le grec, 293; suivant le chronographe Samuel d'Ani 296; tandis que le calcul des chiffres partiels, ne produit que 282 ans, 6 mois. Dans une autre liste d'Eusèbe (*Isagoge ad Canonem, series regum*, t. II, p. 34), le total d'accord avec l'addition partielle est 296. En fixant, avec M. H. Fines Clinton (*Fasti Hellenici*, t. III, p. 408-409), l'ouverture de la première année royale de Ptolemée, fils de Lagus, au 7 novembre 305 av. J.-C., et en finissant le règne de Cléopâtre au 30 août, de l'an 30 av. J.-C., date officielle du commencement de l'ère augustale en Egypte, nous obtenons un intervalle de 275 ans. Si, à ce dernier chiffre, nous ajoutons les 17 années pendant lesquelles le premier des Lagides fut à la tête de l'Egypte, avec le simple titre de gouverneur ou préfet, nous aurons un total de 292 ans, qui est à très-peu près celui (293 ans) par lequel Eusèbe résume la première de ses deux listes.

(2) Le titre *sébaste* est la traduction du latin *auguste*. Notre auteur, comme Eusèbe, les distingue, parce que, sans doute, le second est celui que portait l'empereur dans le langage officiel.

(3) J'ignore d'où Açogh'ig a tiré ce calcul, ainsi que les quatre précédents. Le premier, de 1012 ans, est de 1062, d'après Eusèbe; différence en plus, pour ce dernier calcul, 50 ans.

Le second, est de 1501 ans; dans Eusèbe, 1542; — différence en plus, 41 ans.

Le troisième, est de 2006 ans, *ibid.*, 2047; — différence en plus, 41 ans.

Le quatrième, est de 3068 ans, *ibid.*, 2989; — différence en moins, 79 ans.

Le cinquième, est de 5310 ans, *ibid.*, 5231; — différence en plus, 79 ans.

(4) Ce chiffre est exact à une année près; il fallait 5231 ans, comme on peut le voir ci-dessus, note 46 du chap. Ier.

Chapitre III. — (1) Ce chapitre, comme le précédent est un extrait fait *passim* de la chronique d'Eusèbe.

(2) Daniel, ix, 25 et suiv.

(3) Darius, dit le Mède, fils d'Arschavir (Assuérus). Après de longues guerres avec les Babyloniens, il prit possession de cet empire à la mort de Balthazar, à l'âge de soixante-deux ans (Daniel, v, 31). Il établit cent-vingt satrapes pour gouverner ses Etats, et, à leur tête, trois principaux, dont l'un était Daniel *(ibid.*, vi, 1, 2 et 3). Il ne régna que deux ans à Babylone, et en fut le dernier souverain ; après lui, cette ville passa au pouvoir de Cyrus, roi de Perse. La date du règne de Darius peut être placée à la fin du vi° siècle avant notre ère. On l'a assimilé à Cyaxare, roi des Mèdes, le frère de Mandane, qui fut la mère de Cyrus.

(4) Alexandra Messalina, dans Eusèbe, t. I, p. 193 et II, p. 251. (Josèphe, *Ant. Jud.*, XII, 161, et *Bell. Jud.*, I, 5.)

(5) Il faut lire la onzième année d'Auguste, date fixée par Eusèbe à l'avénement d'Hérode (Canon, t. II, p. 255). Mais, en réalité, c'est la quatrième année comptée depuis la mort de Jules-César. Appien, *Bell. civil.*, V, 75, mentionne Hérode parmi les souverains que créa Antoine après la conclusion de la paix avec Sextus Pompée, 39 av. J.-C. Mais Josèphe, *Antiq. Jud.*, XIV, marque une année plutôt, en 40, sous le consulat de Caius (Cneius), Domitius Calvinus *iterum* et C. Asinius Pollion. Cette année, Hérode, s'étant rendu à Rome auprès d'Antoine et d'Octave, obtint par leur crédit un sénatus-consulte qui lui accordait le royaume de Judée.

(6) Ces 291 ans, ajoutés à l'année 33 de l'ère chrétienne, année qui est celle de la Passion, nous donnent 324. C'est à très-peu près la date du concile de Nicée (325), que réunit Constantin, date que notre auteur paraît avoir eue ici en vue ; et ce qui confirme cette supposition, c'est la leçon : *jusqu'au concile de Constantin*, au lieu de : *jusqu'à Constantin*, admise dans un des manuscrits consultés par Garabed Schahnazarian. (Cf. note 20, p. 282 de son édition d'Açogh'ig.)

(7) Notre auteur, dans le chiffre des années de chaque règne des empereurs romains, a négligé les fractions de mois et de jours, qu'il compte le plus souvent comme années pleines. J'ai rétabli le calcul exact d'Eusèbe, dans la liste suivante extraite de son Canon.

Auguste, 56 ans, 6 mois.

Tibère, 23 ans.

Caius [Caligula], 3 ans, 4 mois.

Claude, 14 ans, 8 mois.

Néron, 13 ans, 7 mois.

Vespasien, 9 ans, 11 mois, 22 jours.

Titus, 2 ans, 2 mois.

Domitien, 16 ans.

Nerva, 1 an, 3 mois.

Trajan, 19 ans et 6 mois.

Adrien, 21 ans.

Titus Antonin avec ses fils [Marc]-Aurèle et Lucius, 22 ans, 6 mois.

Marc-Aurèle et Commode, 19 ans.

Commode, 13 ans.

Ælius Pertinax, 1 an.

Sévère, 18 ans.

Antonin Ier [Caracalla], 7 ans.

Macrin, 1 an.

Antonin II, 4 ans.

Alexandre, fils de Mammée, 13 ans.

Maximin, 3 ans.

Gordien, 6 ans.

Philippe, 7 ans.

Dèce, 1 an et 3 mois.

Gallus et Volusien, 2 ans et 6 mois.

Valérien et Gallien, 15 ans.

Claude, 1 an, 9 mois.

Aurélien, 5 ans, 6 mois.

Tacite, 6 mois.

Florien, 82 jours.

Probus, 6 ans et 4 mois.

Carus avec ses fils Carin et Numérien, 2 ans.

Dioclétien, 20 ans.

Constantin. Sa vingtième année termine le canon d'Eusèbe.

(8) C'est la date de la célébration de la vingtième année, *vicennalia*, de Constantin à Niçomédie, et l'année suivante à Rome, et la date aussi du concile de Nicée, *Paulino et Juliano coss.*, olymp. 276, I, l'an varronien de Rome, 1078, 325 de l'ère chrétienne. Par conséquent l'avénement de Constantin était compté officiellement à partir de 306. *Voir* H. Fines Clinton, *Fasti Romani*, t. I, Tables *ad ann.* 306 et 325, où il cite toutes les autorités sur lesquelles ces synchronismes s'appuient.

CHAPITRE IV. — (1) Cette liste des rois assyriens est tirée d'Eusèbe (t. I, p. 98-100 et t. II, p. 15 et 16), auquel l'a empruntée aussi Moïse de Khoren (*Hist. d'Arménie*, I, 19). Eusèbe a suivi, entre autres historiens, Céphalion, qui lui-même paraît s'être guidé de Ctésias, et comme ce dernier avoir confondu les deux empires d'Assyrie en un seul, d'une durée de 1240 ans ou, suivant d'autres, de 1300 ans. (*Voir* Eusèbe, t. I, p. 100.); de 1460 ans, d'après le Syncelle (p. 132). Açogh'ig a omis cinq noms dans cette liste, et les a presque tous altérés. J'ai rempli cette lacune et rectifié les leçons vicieuses d'après le Canon d'Eusèbe. (Cf. la même liste avec ses variantes dans la *Chronique*, t. I, p. 98-100, et, dans l'*Isagoge*, t. II, p. 15-16.)

(2) Aralius dit aussi Amyrus, 40 ans.

(3) Xerxès nommé aussi Balæus, 30 ans.

(4) Armamithrès, 38 ans.

(5) Bélochus, 35 ans.

(6) Mamylus, 30 ans.

(7) Sparethus, 40 ans.

(8) Ascatadès, 40 ans.

(9) Amyntas, 45 ans.

(10) Belochus, 25 ans.

(11) Palebarès ou Balatorès, 30 ans.

(12) Lampridès, 32 ans.

(13) Sosarès ou Sosmarès, 10 ans.

(14) Lampareus ou Lamparès, 30 ans.

(15) Pannias, 42 ans.

(16) Sosarmos.

(17) Teutamès ou Teutamus, 32 ans.

(18) Teuteus, 40 ans.

(19) Thineus, 30 ans.

(20) Derusus ou Dercylus.

(21) Peritiadès.

(22) Ophrateus, 20 ans.

(23) Acrazanès.

(24) La liste des rois Mèdes est très-fautive dans Açogh'ig; elle ne comprend que sept souverains au lieu des huit que mentionne Eusèbe. Voici celle de ce dernier, avec les variantes qu'elle présente, dans sa Chronique (t. I, p. 101), et ensuite dans l'*Isagoge ad canonem, series regum* (t. II, p. 32) :

CHRONIQUE.	ISAGOGE.
Arbace, 28 ans.	Arbace, 28 ans.
Maudacès, 20 ans.	Sosarmus, 30 ans.
Sosarmus, 30 ans.	Mamicus, 40 ans.
Articas, 30 ans.	Cartices, 13 ans.
Déjocès, 54 ans.	Déjocès, 54 ans (a).
Phraorte, 24 ans (Aphraartès, 51 ans, *Syncelle*).	Phraorte, 24 ans (b).

CHRONIQUE.	ISAGOGE.
Cyaxare, 32 ans.	Cyaxare, 32 ans (*c*).
Astyage, 28 ans.	Astyage, 38 ans (*d*.)

(*a*) Olymp. 18, II, année d'Abraham 1309. = 708 av. J.-C.
(*b*) » 31, III, » » 1362. = 655.
(*c*) » 37, IV, » » 1387. = 631.
(*d*) » 45, IV, » » 1419. = 598.

(25) On ne peut s'expliquer par quelle hallucination l'auteur ou ses copistes ont inséré dans cette liste des rois Mèdes le nom *Hagalimos*, qui est le grec *Académus*. Ce mot ne ressemble guère à celui de Sosarmos ou Sosarmas, par lequel il faut le remplacer.

(26) Pour rectifier cette liste des rois de Perse, en ce qu'elle a d'incomplet, de fautif, ou de divergent dans notre auteur, je transcris celle d'Eusèbe qui en a été le modèle. (Chron., 1 p., t. I, p. 104, et *Isagoge*, t. II, p. 33.)

Cyrus, 30 ans. Olymp. 55, II, année d'Abraham 1457 = 560 av. J.-C.
Cambyse, 8 ans.
Les deux frères Mages, 7 mois.
Darius, fils d'Hystaspe, 36 ans.
Xerxès, fils de Darius, 21 ans.
Artaban, 7 ans.
Artaxerxès Longuemain, 40 ans.
Xerxès II, 2 mois.
Sogdien, 6 mois.
Darius Nothus, 19 ans.
Artaxerxès Mnémon, 40 ans.
Artaxerxès Ochus, 26 ans.
Arsès ou Ardaschès, fils d'Ochus, 4 ans.
Darius [Codoman], fils d'Arscham, 6 ans. La sixième année de Darius est l'olymp. 112, III, année d'Abraham 1686 = 331 av. J.-C.

Total des règnes partiels, 238 ans 3 mois; en nombre rond, 239 ans qui est, en effet, le chiffre de l'intervalle écoulé entre l'Olymp. 55, II, et l'olymp. 112, III.

(27) Par cette dénomination *le haut pays*, l'auteur entend la Mésopotamie septentrionale ou Mésopotamie arménienne, la Grande-Arménie et, au nord, la région du Caucase.

(28) L'expression *Orient* désigne ici la Perse et tous les pays plus à l'est. Dans les chroniqueurs arméniens du moyen âge, elle s'applique spécialement à la Grande-Arménie et, en général, à toutes les contrées au-delà de l'Euphrate.

(29) Séleucus Nicator, 32 ans dans Eusèbe (t. Ier, p. 357 et II, p. 34).

(30) La mort d'Antiochus Sotêr, roi de Syrie, est fixée par Eusèbe, *Chron. Can.*, t. II, p. 231, à la ivᵉ année de la 129ᵉ olympiade, 1755 d'Abraham, c'est-à-dire, 1ᵉʳ octobre, 261-262 av. J.-Ch.

(31) Voir plus bas, note 37, la discussion de cette date.

(32) Arsace, le premier des souverains arsacides de Perse, surnommé *le Brave* « K'adch, » par les historiens arméniens. Ce nom d'Arsace fut porté par tous les princes de cette dynastie, en souvenir de celui qui en fut le fondateur, tout en ayant chacun son nom particulier, et comme un titre honorifique. Les noms d'Arschagan, Arschanag, deux des successeurs d'Arsace, ont sans doute, comme dérivés, le sens de descendants de ce roi, ses fils ou petits-fils. Ce même nom d'Arsace se rencontre accru d'un préfixe dans celui du premier des rois d'Arménie de la même famille, Vagharschag ou Valarsace. Comme ce prince était le frère cadet d'Arsace le Grand, le troisième de cette famille, on peut supposer que le préfixe *vagh'* indique un degré d'infériorité de naissance ou de rang, et en même temps que le mot Vagh'arschag est un diminutif de Vagh'arsch, le Vologèse des Grecs.

Le rapprochement de ces divers noms permet d'en tirer une double série étymologique dont l'élément primitif est le mot *arsch*, qui dut avoir dans l'ancien idiome des Parthes, aujourd'hui éteint, un sens analogue à celui de *héros, brave* ou *glorieux.*

<table>
<tr><td>1. Arsch.</td><td>1. Vagh'-arsch.</td></tr>
<tr><td>2. Arch-ag.</td><td>2. Vagh'-arsch-ag.</td></tr>
<tr><td>3. Arsch-ag-an.</td><td></td></tr>
<tr><td>4. Arsch–an–ag.</td><td></td></tr>
</table>

(33) Balh, Bahl ou Balkh, l'ancienne Bactra, capitale de la Bactriane, dont le nom a formé celui de *Balhav*, et avec la terminaison adjective *ig*, en arménien, *Bahlavig*, c'est-à-dire, « celui qui est originaire ou possesseur de Balh », en persan *pahlav, pahlavan*, « un héros. » Cette dénomination, d'abord purement géographique ou ethnique, semble être devenue par la suite une sorte de titre d'honneur pour les souverains de Bahl et de prééminence pour la nation à laquelle ils commandaient. On peut supposer que ce titre est de provenance parthe et qu'il est l'équivalent du mot *ari*, « viril, brave, » d'origine sanskrite, et que les Perses s'attribuaient pareillement.

La ville de Bahl est nommée plus loin (chap. v), comme dans Moïse de Khoren (*Hist. d'Arm.*, II, 2), Bahl Aravadin. Ce dernier mot signifiait peut-être, dans la langue parthe, et traduisait le mot *Schahasdan*, « résidence royale, » que Bahl reçoit quelquefois des historiens arméniens. Ceux-ci appellent ordinairement cette contrée du nom de *pays des Aris*, pris dans l'acception de *pays des braves* ou *des forts.*

(34) Les Kouschans, peuple qui paraît être le même que les Huns blancs, ou Hephthalites des écrivains byzantins, les Koueï-Schan des écrivains chinois. Ils occupaient, suivant Tchamitch (*Hist. d'Arménie*, Index général, t. III, p. 195), le K'ousdi-Khoraçan ou le Khorazm, entre le Turkestan et le Khoraçan proprement dit, au sud et au nord de l'Oxus.

Reinaud (trad. de la *Géographie d'Aboulféda*, introd., p. ccclxi-ccclxiii) les assimile aux Turks Tagazgaz, qui lui paraissent être les mêmes que les Ouïgours. Mais les Kouschans n'habitaient point le Turkestan, et ils appartenaient non point à la race turke, mais à la race mongole. (Cf. Saint-Martin, annot. à l'*Histoire du Bas-Empire* de Lebeau, t. III. p. 386, note 2.)

(35) Pour la date où commença la dynastie des Arsacides d'Arménie, voir ci-après, liv. II, chap. Ier *in fine.*

(36) Ardaschir ou Ardeschir Babégan, fils de Sassan, dit Sdahratsi, ou originaire du district de Sdahr (Istakhar des Arabes et des Persans, l'ancienne Persépolis), fut le fondateur de la quatrième dynastie de Perse, la dynastie des Sassanides. Son avénement fut dû en grande partie à la révolution religieuse dont il se fit le promoteur et qui substitua, aux croyances syncrétistes et imprégnées d'hellénisme, qu'avaient fait prévaloir les Arsacides, l'ancien culte national, le mazdéïsme ou doctrine de Zoroastre.

(37) La seconde année de l'empereur Philippe coïncide avec l'Olymp. 256, I, et l'an varronien de Rome 998, ou 245 de l'ère chrétienne. Comme Açogh'ig donne à la dynastie des Arsacides de Perse une durée de 457 ans, elle aurait, par conséquent, commencé en 212 avant Jésus-Christ. Mais ce dernier chiffre est évidemment fautif, puisqu'un peu plus loin il dit que ce fut dans la trentième année de Ptolémée Philadelphe, c'est-à-dire, en 256 av. J.-Ch., date corroborée par le témoignage de Justin qui indique le consulat de L. Manlius Vulso et Marcus Atilius Regulus. Suivant Moïse de Khoren (*Histoire d'Arménie*, II, i) les Parthes se révoltèrent contre les Séleucides, la onzième année d'Antiochus Théus, roi de Syrie, ou 250 ans avant Jésus-Christ. Un peu plus loin (chap. ii), il ajoute qu'Arsace le Brave monta sur le trône, la soixantième année après la mort d'Alexandre ; ce qui nous donne octobre 251-252. On voit que ces dates concordent entre elles à quelques années près (250 à 256), qui se passèrent dans les troubles et les guerres dont le résultat final fut le triomphe d'Arsace et sa proclamation comme roi. Açogh'ig fait terminer trop tard cette dynastie, qui s'éteignit par la mort d'Artaban et l'avénement d'Ardaschir (Artaxerxès), le premier des Sassanides, sur la fin de la quatrième année d'Alexandre-Sévère, 226 de notre ère, et après une durée

d'environ 475 ans. Notre auteur ne compte que dix Arsacides depuis Arsace le Brave jusqu'à Artaban, dont les règnes additionnés produisent un total effectif de 365 ans seulement. Mais les témoignages combinés de Justin, Suétone, Tacite, Dion Cassius, etc., d'accord avec les médailles de ces princes, en ont fait retrouver au moins ving-huit. Voir H. Fines Clinton, *Fasti Romani*, vol. II, Appendix, pp. 243-259; et Saint Martin, *Fragments d'une Histoire des Arsacides*, 2 vol, in-8°, Paris, 1850, ouvrage posthume publié sous les auspices et aux frais du Ministére de l'instruction publique, par Félix Lajard.

(38) Les *Anaris* ou *Anariens*, c'est-à-dire les non-ariens, mot dans lequel entre le préfixe négatif *an*, qui est l'*a* privatif sanskrit et grec, *in* latin et *un* des idiomes germaniques. Les écrivains arméniens nous font connaître parfaitement le sens historique de cette double dénomination, *Ariens* et *Anariens* : la première, désignant les Perses ou Iraniens proprement dits, les sujets immédiats des Sassanides ; la seconde, les tribus du Caucase et autres peuples, de race étrangère, qui relevaient de ces princes. Cette distinction nous donne l'intelligence de ces paroles de la suscription d'une lettre adressée par Sapor II aux habitants de Tigranocerte (Dikranaguerd), qu'il assiégeait (Moïse de Khoren, III, 26), paroles sur lesquelles se sont mépris Quatremère et Levaillant de Florival : « A vous qui ne serez plus comptés désormais parmi les Ariens et les Anariens, c'est-à-dire parmi les Perses et les peuples étrangers soumis à mon empire. » Elisée, dans son *Histoire de l'insurrection des Arméniens contre Yazguerd II, roi de Perse*, emploie dans le même sens l'expression *Eran et Daneran*, c'est-à-dire l'Iran et le non-Iran, les Iraniens et les non-Iraniens.

Chapitre v. — (1) Ce cinquième chapitre est un abrégé, souvent textuel, des chapitres ii à lxxiv inclusivement du livre second de 'Histoire d'Arménie de Moïse de Khoren.

(2) Nous avons déjà calculé cette date qui fixe le soulèvement des Parthes contre les Séleucides et l'avénement d'Arsace le Brave, dans l'intervalle de 256 à 250 av. J.-Ch. (Cf. n. 37 du chap. iv.)

(3) Ardaschès ou Artaxercès, et dans Justin (xli, 5) Tiridate, fils d'Arsace ; son frère, suivant Arrien (Cf. Polybe, X, 28), qui raconte, ainsi que Justin, la guerre que ce prince soutint vaillamment contre le roi de Syrie, Antiochus, fils de Seleucus.

(4) Açogh'ig apprécie le caractère de l'ouvrage d'Hérodote au même point de vue et presque dans les mêmes termes que Moïse de Khoren, qui l'appelle *iragan*, mot arménien signifiant *réel*,

positif, pris ici dans le sens de narration d'un genre purement historique, et d'où la fiction et la poésie sont exclues.

(5) L'avénement de Valarsace comme roi d'Arménie, sous la suzeraineté d'Arsace le Grand, roi de Perse, son frère aîné, est placé par Tchamitch (*Hist. d'Arménie*, t. III, tables, p. 106), à l'année 149 av. J.-Ch. ; par Saint-Martin (*Fragm. d'une hist. des Arsacides*), à 150 ou 149 (chap. IV, n. 55). Voir la discussion de cette date au livre II, chap. I, *in fine*.

(6) Armavir, la plus ancienne capitale du royaume d'Arménie, la ville sainte, bâtie sur une colline, au nord de l'Araxe, vers l'embouchure du K'assagh' dans ce fleuve; *Armauria* de Ptolémée (*Geogr.*, V. 13). Elle fut fondée par le roi Armaïs, 2000 ans environ avant l'ère chrétienne, suivant la tradition que nous a conservée Moïse de Khoren (*Hist. d'Arménie*, 1, 2). Cf. Luc Indjidjian, qui place cette ville dans la province d'Ararad (*Description de l'ancienne Arménie*, Venise, 1822, in-4°, en arménien); le P. Léonce Alischan (*Topographie de la Grande-Arménie*, Venise, 1855, in-4°, en arménien), et Saint-Martin (*Mémoires historiques et géographiques sur l'Arménie*, Paris, 1819, 2 vol. in-8°, tome Ier, p. 123-124). Il ne reste même plus de ruines aujourd'hui de cette antique cité et son emplacement est inconnu.

(7) Morphylig (Morphylicès), roi de la Cappadoce et de tout le nord de l'Asie-Mineure, lequel avait été établi par les Macédoniens à la suite des conquêtes d'Alexandre, et qui était alors l'allié ou le vassal des Séleucides.

(8) Majak est le nom indigène et primitif de Césarée de Cappadoce ainsi appelée en l'honneur de Tibère. Les écrivains grecs ont transcrit ce nom sous la forme *Mazaca*, remplaçant le *j* qui manque dans leur alphabet par le *z* ou sifflante douce qui en est l'équivalent atténué. Suivant la tradition, sa fondation remonterait à 2000 ans avant notre ère et serait due à un certain Meschag, gouverneur de la portion orientale de l'Asie-Mineure pour le roi d'Arménie (Moïse de Khoren, 1, 13). Elle faisait partie de la province dite *Première-Arménie*. Aujourd'hui c'est Kaisarié, chef-lieu d'un sandjak turk.

(8) Colonia, ville forte, située sur la rive occidentale de l'Euphrate. Elle fut fondée par Pompée qui lui donna son nom. V. Procope, *de Ædif. Just.*, III, 4. Au Xe siècle, elle était la capitale d'un des *thèmes* ou divisions militaires de l'empire byzantin. V. Constantin Porphyrogénète, *de Themat.*, lib. I, p. 32-33 ; et Saint-Martin, *Mémoires*, tome Ier, p. 187-190.

(10) Les deux fils de Sénékérim ou Sennachérib, roi d'Assyrie, Adramélek et Sarassar, ayant tué leur père, comme nous l'apprend la Bible (III, Rois, XIX ; Isaïe, XXXVII ; Tobie, I), cherchèrent un refuge auprès du roi d'Arménie, Barouïr, de la race des Haïciens. Ce

prince les accueillit et leur donna le pays au sud de l'Arménie, sur les confins de l'Assyrie, dans la région montagneuse de Gortouk' ou des Kurdes. Ce pays prit, dans la suite, le nom de Sanassoun, et, dans la langue vulgaire, Sassoun. Adramélek eut pour apanage la partie qui contourne le lac de Van vers le sud-ouest. Ses descendants formèrent, dans la suite, les deux maisons strapales des Knounis et des Ardrzounis. Cette dernière maison devint l'une des plus puissantes de l'Arménie ; au moyen âge, elle possédait le territoire qui s'étend au sud et à l'ouest du lac de Van, la vaste province de Vasbouragan.

(11) Haïg, le fondateur de la nationalité arménienne et le premier souverain du peuple qui se désigne lui-même sous le nom de Haï (Arménien). L'âge où vécut Haïg est fixé communément au XXII\ :e ou XXIV\ :e siècle av. J.-Ch. Sa légende, rapportée par Moïse de Khoren, d'après le vieil historien syrien Mar Abas Kadina, avec tous les embellissements épiques dont l'avaient accrue et ornée les anciens bardes populaires, nous montre en lui un chef de tribu, de race sémitique probablement, se dirigeant de Babylone vers le nord-est, pour aller s'établir sur le plateau arménien, au milieu des populations de race aryenne, fixées dans ces lieux longtemps auparavant et qu'il s'assujettit. Ses descendants soumis successivement aux rois d'Assyrie et aux souverains de la Perse, quelquefois, mais à de courts intervalles, indépendants, se maintinrent sous le nom de *Haïciens*, jusqu'à Vahê, le dernier d'entre eux qui périt dans l'invasion des armées d'Alexandre le Grand. Mais les souvenirs de ces princes, disséminés sur un espace de dix-sept siècles et recueillis tardivement, sont confus et inconsistants, et on n'y distingue que les grands traits qui marquent cette première période des annales de l'Arménie. Ce qu'il y a de certain, c'est la présence persistante sur le sol arménien de grandes familles reconnues comme tirant leur origine de Haïg. Ces familles trouvèrent place dans le nombre des maisons satrapales qu'institua Valarsace (Moïse de Khoren, II, 2 et 3). Elles se soutinrent avec plus ou moins de puissance et d'éclat encore beaucoup plus tard, puisque nous voyons dans le royaume de la Petite-Arménie, au temps des Croisades, la famille des princes Héthoumiens de Lamprôn se vanter d'avoir Haïg pour ancêtre. Au point de vue de la critique moderne, ce chef de race, avec l'auréole de fictions dont la légende l'a entouré, doit être considéré comme la personnification symbolique de l'une des plus anciennes et des plus originales nationalités que l'Asie ait enfantées, plutôt que comme un être réel et historique.

(12) Les Arméniens ont conservé l'ancien nom de Nisibe, *Medzpin*. Les Syriens l'appellent *Netzibin* ; les Arabes, *Nessibin* ; elle reçut

des Macédoniens le nom d'Antiochia Mygdoniæ. Devenue la résidence des Arsacides d'Arménie, ils en firent, ainsi que d'Édesse, un poste d'observation et de défense contre les entreprises des Séleucides et ensuite des Romains.

Elle fut prise par Lucullus, qui y mit ses troupes en quartiers d'hiver après qu'il eut défait Tigrane II, roi d'Arménie, près du fleuve Arsanias, le 6 octobre 69 avant Jésus-Christ. Cette ville ne présente maintenant que des ruines, sur lesquelles s'élève un simple village. V. Plutarque, *Lucullus*, cap. xviii; Appien, *Mithrid. bell.*, xlv; Memnon, *apud* Photium, p. 753, et Müller, *Fragmenta historicorum Græcorum*, t. III, cap. lvi-lvii, p. 555-556.

(13) Pakarad, l'un des captifs juifs, que Nabuchodonosor, roi d'Assyrie avait transportés de Jérusalem et établis dans l'Arménie. Il a été la tige de l'illustre famille des Pakradounis ou Bagratides, dont les branches principales dominèrent au moyen âge, avec le titre de rois, à Ani et à Kars, dans la Grande-Arménie; à Lorê, dans l'Albanie arménienne (les Goriguians) et en Géorgie. De cette dernière branche de Géorgie était issu le célèbre général russe Bagration, qui périt en s'illustrant, à la bataille de la Moskova, en 1812.

Voir la liste chronologique de ces divers souverains dans Tchamitch, *Hist. d'Arménie*, t. III, tables, pages 107; Saint-Martin, *Mémoires* t. Ier, p. 418-423, et M. Brosset, *Histoire de la Géorgie*. Ire partie, Addition 10, *Hist. des Bagratides géorgiens*, *d'après les écrivains arméniens et grecs, jusqu'au* xie *siècle*, p. 138-188.

(14) Thakatir, mot composé qui signifie littéralement, en arménien, *poseur de couronne*, et désigne la charge d'un des grands officiers du palais, investi du privilége de placer le diadème sur le front des souverains dans la cérémonie de leur couronnement. Cette charge se conserva jusque sous la dynastie des rois Roupéniens de la Petite-Arménie, à l'époque des Croisades. Une charte émanée de la chancellerie de ces princes et écrite en français, mentionne le grand baron Constantin de Lamprôn, en qualité de *meteor de la couronne des Ermines*. Voir ma *Collection des historiens des Croisades*, publiée par l'Académie des inscriptions et belles-lettres, *Documents arméniens*, t. Ier, introduction, p. lxxiv.

(15) *Asbed*, abréviation d'*Asbahabed*, *Asbabed* et *Asbarabed*, est le sanskrit *Açvapati*, signifiant « le grand maître ou général de la cavalerie. » Comme la cavalerie était la principale force des armées en Orient, cette expression a pris usuellement le sens de général en chef. M. Levaillant de Florival, dans sa traduction de Moïse de Khoren, l'a rendue par *chevalier* ; les PP. Mékhitharistes, plus exactement, par *généralissime*. Ce titre, au moyen âge, sous les princes Roupéniens,

avait été remplacé par le titre équivalent de connétable, emprunté aux Franks de la Syrie. Voir, dans la *Collection des historiens des Croisades*, mes *Documents arméniens*, introduction, t. Ier, p. LXXV.

(16) Ou bien Chananitas (le Chananéen), un des chefs des Chananéens qui, d'après le récit de Moïse de Khoren (I, 19), vaincus et poursuivis par Josué, s'enfuirent à Akr'as, sur la côte méditerranéenne d'Afrique, comme le conjecturent les PP. Mékhitharistes (Mose Corenese, p. 59, note 1), et allèrent aborder à Tharsis, que Huet assimile à Tanger dans le Maroc. Cette tradition nous a été conservée aussi par Procope, *De Bello Vandal.*, II, 10; cf. Evagre, *Hist. eccles.*, IV, 19; au sujet de Chanaan, cf. *Genèse*, x, 15.

(17) La famille de Magh'kaz constituait une des principales satrapie de l'Arménie. Lazare de Ph'arbe cite un certain Vriv-Magh'kaz, p. 75, et Kardchouil-Magh'khaz, p. 212. Cf. Faustus de Byzance, VII, 38, 43; et Agathange, p. 289. Il y avait en Arménie une localité nommée Magh'khazan, célèbre par ses bergeries, située dans le district de Her, et qui appartenait sans doute à la famille des Magh'khazounis (Cf. Faustus de Byzance, III, 30.) — Cette famille s'est perpétuée jusqu'à nos jours dans la Lithuanie polonaise sous le nom de Malkazovski ou Malakovski. Cf. Indjidjian, *Antiquités de l'Arménie*, t. II, p. 139. Le titre des fonctions que remplissait le chef des Magh'kaz, dans l'ancienne Arménie, en qualité de commandant de la garde royale, ainsi que nous l'apprend Agathange, était *Magh'khazouthioun*, comme qui dirait en français le *Malkhazat*.

(18) Kégh'am ou Kégh'arkounik', district, au sud du lac de Kegh'am ou Sévan, province de Siounik', dans l'est de la Grande-Arménie.

(19) J'ai entendu le mot arménien *kahavor* comme désignant 'officier chargé de veiller à la disposition et à l'arrangement hiérarchique des siéges qu'occupaient, en présence du roi et dans les assemblées solennelles, les grands dignitaires de la couronne. Les PP. Mékhitharistes traduisent ce mot par *ciambellano*.

(20) Voir sur l'origine de la noble et puissante famille des Ardzrounis, issue de Sennachérib, roi d'Assyrie, la note 10, page 68. Moïse de Khoren (XI, 12) fait dériver le nom d'*Ardzrouni*, du composé *Ardziv-ouni*, « aquilifer. »

(21) Le nom des Knounis, échansons du roi, vient de *kini*, « vin, » mot qui, par la permutation assez fréquente de la gutturale en labiale, se retrouve dans la plupart des dialectes de la famille aryenne.

Le nom des Sbantounis, préposés aux sacrifices, est formé de la racine *sban*, que l'on rencontre dans « *sbananel*, » immoler, sacrifier, « et *sbant*, » immolation, sacrifice.

Le nom des Havénounis, chargés de la fauconnerie royale, dérive de *Hav*, « oiseau, volatile. » Celui des *Tziounagans* ou glaciers du roi, de *tzioun* « neige » parce que les boissons étaient rafraîchies, comme encore aujourd'hui en Orient, en les entourant de neige.

Ces antiques dénominations nous présentent dans leurs éléments constitutifs de formation des types entièrement semblables à ceux de la langue qui s'est perpétuée du IVe siècle jusqu'à nos jours, et nous prouvent que l'état dans lequel elle se montre à nous, dès le principe, remontait beaucoup plus haut que tous les monuments écrits que nous possédons.

(22) Sissagan, adjectif dérivé de Sissag, lequel descendait de Haïg à la cinquième génération, par Arménag, Armaïs, Amassia et Kégh'am; surnommé *Agh'ou*, « miel », dit Moïse de Khoren (II, 8), à cause de la douceur de ses mœurs. De son nom, ajoute le même historien, est venu celui des Agh'ouans. Mais qui ne voit que cette étymologie a été imaginée très-postérieurement pour rendre raison d'une dénomination géographique dont l'origine et le sens étaient inconnus ? Il en est de même de plusieurs appellations de ce genre que l'on trouve dans Moise de Khoren, et qui ont été évidemment inventées après coup. Mais rien n'empêche d'admettre comme vraie, la tradition qui attribuait à un certain Sissag et à ses descendants la possession très-ancienne, à titre d'apanage, des provinces orientales de l'Arménie, depuis la Siounik' jusqu'à l'Bgh'ouanie ou Albanie.

(23) Gatmos ou Cadmus, que Moïse de Khoren, ou plutôt l'historien syrien Mar Abas Katina, qu'il a suivi dans le premier livre de son *Hist. d'Arménie*, nous donne comme fils d'Arménag, fils de Haïg. Ce nom est probablement une réminiscence de celui du Phénicien Cadmus, introduit par l'écrivain syrien dans le récit de la fondation du royaume arménien, à cette époque de syncrétisme historique et religieux où vivait Mar Abas Katina, et qui caractérise sa composition, comme celles de Bérose, Abydène et Manéthon.

(24) La plaine marécageuse de Mough'an ou Moukan, qui s'étend dans l'est de la Grande-Arménie, depuis la ville de Ph'aïdagarn'an jusqu'à la mer Caspienne. Elle se dessèche pendant l'été, et produit une herbe abondante que venaient paître autrefois de nombreux troupeaux. Mais elle est infestée de serpents venimeux, que la chaleur fait éclore et pulluler dans le sol détrempé par les eaux. Ce phénomène naturel arrêta Pompée, qui, au rapport de Plutarque (*Vie de Pompée*, § 39), dans sa marche vers l'Hyrcanie et la mer Caspienne, fut obligé de retourner sur ses pas et de reprendre le chemin de

l'Arménie-Mineure. Les princes mongols souverains de Perse et
en même temps maîtres de l'Arménie, avaient dans cette plaine une
résidence d'été. Son ancien nom, en arménien, est *Taran-Taschd* ou
Tar'in-Taschd « la plaine de Taran ou Tar'n. »

(25) Les Agh'ouans ou Albaniens des historiens grecs et latins. Ce
pays correspond aujourd'hui à la partie orientale du Schirvan, et à la
partie méridionale du Daghestan. On peut lire dans Plutarque (*Vie de
Pompée*, §§ 37, 38, 39 et 40), la relation des deux campagnes
que le général romain entreprit contre ce peuple.

(26) Hounaraguerd ou Henaraguerd, bourg et forteresse de la province d'Artzakh, dans le nord de la Grande-Arménie, entre le Cyrus
et l'Araxe, non loin du lieu où ces deux fleuves se réunissent.

(27) C'est-à-dire les populations des quatre localités ici mentionnées
et situées dans le nord-est de la Grande-Arménie, sur les confins de
l'Agh'ouanie, limitrophes ou faisant partie de la province d'Oudi.
1° Oudi, district particulier de cette même province; 2° Kartman, district avec une forteresse du même nom, au sud du Cyrus ; 3° Dzotêk'
ou Dzovtêk, territoire sur la rive septentrionale ; et Karkar, district
assez considérable, au nord pareillement. Du reste, les auteurs arméniens varient sur l'étendue et la position de ces localités, relativement au fleuve qu'elles avoisinent.

(28) Schara, fils d'Armaïs et arrière-petit-fils de Haïg, et dont le
nom est devenu, à ce qu'assure Moïse de Khoren (*Hist. d'Arménie*,
I, 12), celui du district de Schirag, qu'il avait obtenu en apanage,
dans la province d'Ararad.

(29) Le *Mont-Ténébreux*, autrement appelé *Gankark'*, est la chaîne
de montagnes qui s'élève au nord du lac de Kégh'am ou Sévan. Elle
est ainsi appelée du nom du district et de la ville de Gankark', qui sont
dans le voisinage et qui dépendaient de l'ancienne province de Koukark'.V. Saint-Martin, *Mémoires*, t. Ier, p. 283, 241; Indjidjian, *Arménie
ancienne*, p. 285, le P. Léonce Alischan, *Topogr. de la Grande-Arménie*, §, 6, Cf. ma traduction de ce dernier ouvrage, *Journal asiatique*,
mai-juin, 1869, p. 398. Ce point du territoire arménien, et les six
autres énumérés ici consécutivement par notre auteur, sont dans le
nord de l'Arménie, sur les limites de la Géorgie.

(30) Le district de Dchavakhk', Dchavagh' ou Kavaghk', appartient
à la province de Koukark', à l'ouest de celle d'Oudi.

(31) Gogh'p ou Gogh', district considérable de la province de Daïk',
à l'ouest de Koukark' et de l'Oudi, se trouve au pied du mont Barkhar.

(32) Sous la dénomination de pays de Dzoph'k', on comprend deux
districts de la Quatrième-Arménie, le grand et le petit Dzoph'k', qui

ormaient une des satrapies du royaume. C'est dans ces pays qu e sont
fles sources du Tigre.

(33) Tzor (vallée) ou Tzoraph'or (creux de vallée), district de la province de Koukark', dans la partie nord-est de l'Arménie, sur les
limites de la Géorgie.

(34) Aschots, district dans le nord de la province d'Ararad, à l'ouest
du lac de Sévan, et qui était la propriété et la résidence originaire de
la famille des Bagratides.

(35) Daschir, ou le pays des Daschirs, district très-considérable de
la province de Koukark', à laquelle il donne quelquefois son nom;
situé au nord-ouest du lac de Sévan.

(36) Il y avait, en Arménie, deux chefs qui portaient le titre de
Ptiaschkh, celui de la province d'Agh'etznik', la Mésopotamie arménienne, et celui de la province de Koukark'. On retrouve ce titre gré-
cisé, sous la forme *Petiaxès*, gravé sur une belle onyx du Cabinet
des antiques, à la Bibliothèque nationale. (V. Visconti, *Iconogr. grecque*,
chap. XII, § 10, et Atlas, planche XLV.) Le nom du personnage que rappelle ce petit monument est [As]ousas (Aschouscha), qualifié de *Petiaxès
des Ibères Karkhèdes (Koukaratsis)*, lequel vivait au ve siècle. Il fut le
comtemporain de saint Mesrob, ce grand instituteur religieux et littéraire de l'Arménie, qu'il invita à venir répandre la foi de l'Évan
gile et l'instruction dans ses domaines du Daschir. (Moïse de Khoren,
III, 60.)

(37) Le pays des Koukaratsis, ou province de Koukark', la Gogarène
de Ptolémée, était une des satrapies les plus considérables du nord de
l'Arménie. Sa principale ville, Lor'é ou Lor'i, qui devint dans la suite
la capitale de l'une des branches régnantes de la famille des Bagratides, était située dans le district d'Agh'asdev ou Agh'esdev, compris plus particulièrement dans le Daschir.

(38) Le nom national des Géorgiens est *Vir*, tel que l'ont transcrit
les Arméniens, auxquels l'ont emprunté les Grecs et les Romains, en
le transformant en *Ibères*. Le mot *Vir* est peut-être le sanskrit, *vira*,
« guerrier, héros,» mot qui est passé dans le javanais archaïque ou kawi,
avec la même signification, et comme titre d'honneur, *Vir* en latin.

(39) Eusèbe, *Chronique*, trad. de Zohrab et Maï, p. 27, 133, et
Prépar. évangél., IX, 41.

(40) Passên ou Passian, immense vallée dans le bassin du haut
Araxe, comprise dans la province d'Ararad, à l'est de la ville de Garin
(Théodosiopolis), et anciennement appelée, dit Moïse de Khoren (*Hist.
d'Arménie*, II, 8), *Passên supérieure et déboisée*; la Phasiane des Byzan
tins. Le même historien nous apprend (*ibid.*) que là s'était fixée une
colonie de Bulgares, conduite par un certain Vegh'entour, Boulgar

de Vount, mais à une époque qu'il n'indique pas, et il ajoute que la contrée prit, de ce nom de Vount, celui de Vanant.

(41) Les Ortounis, famille satrapale, qui, avec les Peznounis et les Manavazians, deux autres grandes familles arméniennes, s'exterminèrent réciproquement dans les temps d'anarchie qui suivirent la mort du roi Tiridate II (342-344 de Jésus-Christ.)

(42) Bask'am, petit-fils du roi Haïgag Ier, qui fut le dix-huitième de la dynastie de Haïg, et dont le règne est fixé par Tchamitch et Saint-Martin à 1381 av. J.-Ch.

(43) C'est-à-dire aux récits poétiques qui, sous le nom de « chants historiques, » *erkk' vibassanats*, étaient répétés au son du *pampir'n* (la lyre arménienne) par les rapsodes populaires. Moïse de Khoren parle souvent de ces sortes de poëmes antiques, et nous en a conservé quelques fragments.

(44) Il y a, dans le texte d'Açogh'ig, *Sanassar*, leçon que j'ai corrigée par *Scharaschan*, d'après Moïse de Khoren (*Hist. d'Arménie*, II, 8). Sanassar ou Sarassar, chef de cette race et ancêtre de Scharaschan, était un des deux fils du roi d'Assyrie, Sénćkérim (Sennachérib), qui se réfugièrent en Arménie, après avoir assassiné leur père. (Voir la note 10 de la page 68.)

(45) Arzen ou Ardzen ou Aggh'zen, district de la province d'Agh'etznik', ou sud-ouest du Tigre, ayant pour ville principale Tigranocerte (Dikranaguerd) ou Amid.

(46) Le mont Sim fait partie du Taurus arménien, en se rattachant à la chaîne des monts Gortouk' ou montagnes des Kurdes, dans le sud-ouest de l'Arménie. V. le P. Léonce Alischan, *Topogr. de la Grande-Arménie*, dans ma traduction, *Journal asiatique*, mai-juin, 1869, p. 407-409.

(47) La contrée de Mogkou des Mogatsis, l'une des quinze provinces qui partageaient la Grande-Arménie, située au sud du lac de Van, dans les montagnes du Kurdistan. Saint-Martin incline à l'assimiler à la Moxoène d'Ammien Marcellin. (T. Ier, — *Mémoires*, p. 174-175.)

(48) Les Gortouatsis, ou habitants du pays de Gortouk', sont les ancêtres des Kurdes, qui occupent encore aujourd'hui la région montagneuse à l'ouest et au sud du lac de Van.

(49) Antzévatsis ou Antzavatsis, district de la province de Vasbouragan, au sud-ouest du lac de Van.

(50) Les Aguêatsis, ou habitants du canton d'Aguê, qui fait partie de la province de Mogk'. L'auteur passe ici en revue, toute la région qui entoure à l'ouest, au sud et à l'est le lac de Van.

(51) R'ouschdounis ou Reschdounis, district de la province de Vasbouragan, au sud du lac de Van, l'une des principales satrapies de

l'Arménie. Plus tard, à l'époque du khalifat, ce district, celui des Antzévatsis et presque tout le Vasbouragan, constituèrent l'apanage de la famille des Ardzrounis, dont le chef obtint de la cour de Bagdad le titre de roi.

(52) Kogh'then, district de la province de Vasbouragan, sur la rive gauche de l'Araxe, à l'est de Nakhdchavan (Nakhidchévan).

Cette localité était renommée pour ses vignobles, et encore plus pour ses chantres populaires, qui, au temps de Moïse de Khoren, redisaient encore avec amour, *akhorjeiov*, en s'accompagnant du pampir'n, les anciennes poésies épiques de l'Arménie (*Hist. d'Arménie*, I, 30, et II, 49).

(53) Haschdiank', district dans la partie orientale de la Quatrième-Arménie, au sud de l'Euphrate méridional, l'Arsanias des anciens, le Mourad-Tchaï des Turks. Le Haschdiank' est assimilé par Saint-Martin, *Mémoires*, t. Ier, p. 72, à l'Asthianène ou Austanitis de Ptolémée (*Géogr.*, v, 13), de Procope (*de Ædific. Justin.*, III, p. 56,) et du Code de Justinien (lib. I, *de Mag. milit.*).

(54) Arsace (Arschag Ier). Tchamitch, *Hist. d'Arménie*, t. III, tables, p. 106, et Saint-Martin, *Mémoires*, t. Ier, p. 410, le font régner en 127 av. J.-Ch.; en 127 ou 128, suivant ce dernier, dans ses *Fragments d'une histoire des Arsacides*, t. II, tableau 2.

(55) L'Euxin ou la mer Noire.

(56) Les *Ananiens*, c'est-à-dire Ananias et ses deux compagnons Misaël et Azarias, parents de Sédékias, roi de Juda, lesquels, ayant été faits captifs par le roi de Babylone Nabuchodonosor, furent jetés, par ordre de ce prince, dans une fournaise ardente, pour les punir de leur refus d'adorer une statue d'or, et miraculeusement préservés de l'atteinte des flammes. V. Daniel, III, et Josèphe, *Antiq. Jud.*, x, 2.

Les *Éléazariens* nous rappellent le docteur de la loi Éléazar et ses compagnons, qui, pressés par le roi de Syrie Antiochus Épiphane de manger de la viande de porc, s'y refusèrent, préférant expirer sous les coups de la flagellation, que d'enfreindre le précepte de Moïse (II Machabées, v, 6; et Josèphe, *Antiq, Jud.*, XII, 7).

(57) Dans la monarchie féodale des Arsacides, le premier rang appartenait au roi de Perse, qui portait le titre de *Roi des rois;* le second, aux Arsacides d'Arménie; le troisième, aux Arsacides de la Bactriane; et le quatrième, à ceux du nord du Caucase qui dominaient sur les Massagètes. Le roi de Perse, comme suzerain, avait seul le droit de battre monnaie et d'y faire empreindre son effigie. L'usurpation de cette prérogative par Ardaschès Ier, roi d'Arménie, ne fut que momentanée. L'organisation politique de toutes les souverainetés de la Haute-Asie, fondée sur ce système de hiérarchie politique, existait dès la plus haute antiquité.

(58) Açogh'ig ne fait que copier ici Moïse de Khoren (*Hist. d'Arménie*, II, 8), en ce qui concerne la prétendue défaite de Crésus et la destruction du royaume de Lydie, par le roi d'Arménie, Ardaschès Ier.

Cet étrange anachronisme, qui est de plus de quatre cents ans, et que reconnaît Moïse lui-même, ne l'empêche pas d'adopter un récit évidemment fabuleux, mais qui flattait la vanité nationale. En s'appuyant de quatre écrivains grecs qu'il cite, Polycrate, Evagoras, Camaterus et Phlégon, il ne saurait infirmer le témoignage d'Hérodote, Plutarque, Justin et Valère-Maxime qui, d'accord avec la succession des événements et des temps, sont unanimes pour attribuer à Cyrus, roi de Perse, les faits dont Moïse s'est plu à faire honneur à Ardaschès Ier. Ajoutons que si sa critique est ici en défaut, son savoir et sa bonne foi ne sauraient être mis en doute; car il nous apprend qu'il avait consulté, non pas un ou deux historiens grecs, mais un grand nombre, et qu'il avait fait beaucoup de recherches à ce sujet. (*Ibid.*)

(59) Les deux mers, dont il est ici question, sont sans doute celles qui limitent l'Asie-Mineure, au nord et au sud : le Pont-Euxin et le *mare internum* de Pamphylie et peut être aussi à l'ouest, la mer Égée.

(60) Les Arméniens donnent à la Méditerranée le nom générique d'*Océan*.

(61) Cette invasion d'Ardaschès Ier dans l'Hellade, où il aurait enlevé les statues de plusieurs divinités, est très-peu probable. S'il s'avança vers l'ouest, il ne dut pas quitter le continent asiatique, ni aller au-delà des contrées centrales de l'Asie-Mineure, la Cappadoce et peut-être le Pont. A cette nomenclature de divinités énumérées par Açoghi'g, Moïse de Khoren (II, 12) ajoute Apollon, qu'Ardaschès trouva dans l'Asie-[Mineure] et l'Hercule viril, œuvres d'art dues au ciseau de deux célèbres statuaires Scyllis et Dipœnus, de Crète ; mentionnés aussi par Pausanias, ii, 15, 1 ; vi, 19, 14 ; et Pline, H. N. xxxvi, 4, 41.

(62) Ani, ancienne forteresse, qui s'élevait sur la rive occidentale de l'Euphrate, dans la province de Taranagh'i. Il ne faut pas la confondre avec Ani, capitale de l'Arménie sous les rois Bagratides, dans le district de Schirag, et qui est beaucoup plus à l'est. Cette forteresse se nommait, en langue vulgaire, Gamakh, qui est la Camakha de Constantin Porphyrogénète (*de Administ. imper.*, cap. l, p. 188). Dans son enceinte, il y avait un temple consacré au dieu Aramazd (Ahoura Mazda), temple vénéré dans toute l'Arménie, et un dépôt précieux d'archives, que mit à contribution le célèbre hérésiarque Bardésane d'Édesse pour composer son histoire d'Arménie (Moïse de Khoren, II, 46). Là aussi étaient la sépulture des rois Arsacides, et le dépôt de leurs trésors. Les empereurs byzantins y entretinrent

jusque vers le milieu du xie siècle une forte garnison, pour protéger la partie orientale de leurs États contre les attaques des Arabes et ensuite des Turks. V. Saint-Martin, *Mémoires*, t. Ier, p. 72-73.

(63) Tigrane, dit le Grand, le célèbre mais malheureux adversaire de Lucullus et de Pompée, régna de 89 ou 90 jusqu'à 35 ou 36 av. J-Ch.

(64) Mithridate le Grand, Eupator, qui s'illustra par la lutte acharnée qu'il soutint contre les Romains. Moïse de Khoren, comme Açogh'ig, le disent beau-frère du roi d'Arménie, tandis que, d'après les historiens grecs et-latins, il aurait été son gendre.

(65) Les Arméniens appellent *Hroms* ou *Romains*, les Grecs byzantins, qui eux-mêmes se paraient de ce nom, en se considérant comme les continuateurs de l'empire romain, et *Hromaietsis*, les peuples de l'empire d'Occident. Moïse de Khoren (II, 74), comme Açogh'ig, a soin de bien distinguer ces deux expressions, en qualifiant l'empereur Philippe du titre de *César des Hromaietsis*.

(66) Cette version de la défaite de Crassus, par le roi d'Arménie Tigrane (Cf. Moïse de Khoren, II, 17), si différente de celle que nous lisons dans tous les historiens grecs et latins, qui font succomber le général romain sous les coups de Suréna, général d'Orode, roi des Parthes, cette version est évidemment une fable populaire d'origine arménienne, que Moïse de Khoren s'est empressé de recueillir et de rapporter par le même sentiment d'orgueil national qui l'a poussé à nous représenter, contre toute vraisemblance historique, le père de Tigrane, Ardaschès Ier, comme le vainqueur de Crésus. A propos de Suréna, je ferai remarquer, que ce nom, donné par Plutarque et Tacite, comme un nom propre, n'est autre que l'appellation générique de la branche des Arsacides, Sourên-Bahlav, à laquelle se rattachait le général qui fit subir un aussi terrible échec aux armes romaines.

(67) Il y a, dans Açogh'ig, ainsi que dans Moïse de Khoren, *Perguia;* il faut lire *Pergame*, qui fut donnée, comme nous l'apprend Josèphe (*Antiq. Jud.*, xiv, 8, et *Bell. jud.*, I, 9), au jeune Mithridate.

(68) Le nom du Bar-Tzaph'ran, *Barzapharnès*, prince des Reschdounis, est syro-perse d'origine. Josèphe, *Antiq. Jud.*, xiv, 13; et *Bell. jud.*, I, 13, en mentionnant ce personnage nous dit que c'était un satrape parthe ou arménien. Du temps des Arsacides, en effet, le nom de Parthe désignait indistinctement les Perses et les Arméniens.

(69) On litd, ans toutes les éditions de Moïse de Khoren (II, 19), qui raconte l'expédition de Bar-Tzaph'ran, général de Tigrane, en Syrie, que ce chef s'empara de la *ville des Mariciens*. C'est une leçon vicieuse, qui doit être remplacée par *la ville des Samaritains* ou *Samarie*,

comme le prouvent et le texte d'Açogh'ig et l'un des deux manuscrits de Moïse de Khoren, dont M. Jacques Gariniants nous a donné les variantes dans un très-intéressant travail, publié à Tiflis en 1858, gr. in-8º, sur la comparaison de ces deux manuscrits avec l'édition de Venise de 1843.

(70) La ville de Van, qui paraît être la même que Schamiramaguerd (ville de Sémiramis), est située sur le bord oriental du lac de Van, dans le district de Dosb, province du Vasbouragan. Les immenses travaux et les embellissements qu'y avait fait exécuter la grande reine des Assyriens, et les inscriptions qu'elle avait fait graver sur les rochers et que nous connaissons, du moins en partie, par les copies de Schultz, sont décrits par Moïse de Khoren (*Hist. d'Arménie*, I, 16), avec des détails dont on a vérifié de nos jours la parfaite exactitude et qui donnent une haute idée de la magnificence de ces constructions. Van portait aussi le nom de *Vanapert*, « forteresse de Van, » ou *Vanaguerd* « ville de Van, » comme ayant été rebâtie ou restaurée par le roi Van, qui vivait un peu avant l'expédition d'Alexandre le Grand, en Asie. V. le savant et intéressant article que Saint-Martin a consacré à l'histoire de cette antique cité, dans ses *Mémoires*, t. Iᵉʳ, p. 137-140.

(71) Açogh'ig nous dit que le roi Tigrane survécut deux ans à l'expédition de Bar-Tzaph'ran ; on lit *trois ans* dans Moïse de Khoren (II, 19).

(72) Agh'iovid, district considérable de la province de Douroupéran : Ar'pérani, district de la province de Vasbouragan, tous les deux au nord du lac de Van.

(73) Aderbadagan, l'Atropatène des Grecs, l'Adherbeidjan des Persans, province considérable, à l'est de l'Arménie, et au sud-ouest de la mer Caspienne ; l'ancien pays des Mèdes. C'est la patrie de Zoroastre, qui y fonda le culte du feu, le mazdéisme. C'est ce qu'indique d'ailleurs la dénomination de cette province, dont le premier élément composant est *ader* (zend *âtar*), « feu, » le second *bad*, « enveloppe, enceinte, » suivi de la terminaison arménienne *agan*, qui est propre aux adjectifs de possession ou de qualité ; en sorte que cette dénomination, doit signifier : le [pays] où est l'enceinte du feu, en persan *Atesch-khaneh* ou *Atesch-gah*.

(74) Ce prince, nommé Arschavir (Assuérus), par Moïse de Khoren (II, 24) et Açog'hig, paraît être le Phraates IV de Justin, xlii, 5, lequel rendit à Auguste les soldats de Crassus et d'Antoine, faits prisonniers et les enseignes des légions romaines. Il régna de l'an 37 av. J.-Ch. jusqu'à l'an 15 de notre ère, où il fut tué par son fils Phraataces ; il fut, par conséquent, contemporain des rois d'Arménie, Arscham et Abgar.

(75) Le *Vedavan* est une mesure itinéraire que tous les traducteurs de Moïse de Khoren, d'où ce passage d'Açogh'ig est tiré, ont rendue par *stade.* Un auteur arménien inédit, cité par Saiut-Martin, *Mémoires,* t. II, p. 379 (notes sur la *Géographie de Moïse de Khoren*), affirme que le vedavan a la même longueur que l'asbarez, qui, ajoute le même auteur, équivaut à 500 portées de flèche. Cette définition concorde très-bien avec la signification étymologique de l'asbarez (*asb,* «cheval»), synonyme du mot *tzi-enthatsk'* ou *izio'arschavan,* « course de cheval » , c'est-à-dire, l'espace que peut parcourir d'une haleine un cheval. Ainsi, Hérode en pavant les voies publiques d'Antioche d'un dallage en marbre blanc, sur une longueur de 20 vedavans, aurait couvert un espace équivalant à 10,000 portées de flèche. D'après l'auteur précité, une portée de flèche égalant 150 pas, soit environ 100 mètres, nous aurons ainsi 500 mètres pour le vedavan ou asbarez, et, par conséquent, une longueur totale de 10 kilomètres pour la chaussée construite par Hérode. Cette détermination n'a rien d'improbable; mais ce qui n'est pas justifié le moins du monde, c'est l'étendue de 150 pas = 100 mètres, que le P. Pascal Aucher attribue à l'asbarez. (*Traité des poids et mesures des anciens,* Venise, 1821, in-4°, tables p. 216.) Du reste, l'article qu'il a consacré à cette mesure itinéraire, dans le corps de son ouvrage (p. 45-48), est tellement confus qu'il est impossible d'en rien tirer de concluant.

(76) En admettant avec M. H. Fines Clinton, qu'Arschavir (Phraates IV) monta sur le trône de Perse en 37 av. J.-C., l'avénement d'Abgar, qui eut lieu suivant Moïse de Khoren et Açogh'ig, la 25ᵉ année d'Arschavir, correspondrait à l'an 13 av. J.-Ch. Mais cette dernière date est trop reculée, le règne d'Abgar Oukama, ou le Noir, commença, suivant Tchamitch (*Hist. d'Arménie,* t. III, tables, p. 106), en l'an 1ᵉʳ av. J.-Ch.

(77) La soumission de l'Arménie tout entière aux Romains est fixée par Moïse de Khoren (II, 26), à la seconde année du règne d'Abgar. Açogh'ig dit la troisième. Mais cette variante, fort peu importante, n'est vraisemblablement qu'une erreur de copiste.

(78) Moïse de Khoren (I, 16), dit : « Hérode envoie le fils de son frère, » ce qui est la vraie leçon, tandis que nous lisons dans Açogh'ig : « le fils de sa sœur ». Ce neveu d'Hérode se nommait Joseph ; il était fils de Joseph, frère d'Hérode, et épousa Olympias, fille de ce dernier, par conséquent sa cousine germaine. Josèphe, *Antiq. Jud.,* XVII, 2, 3, et *Bell. jud.,* I, 28, 4.

(79) Ce district de la Mésopotamie, appelé aussi par Moïse de Khoren (II, 26), Pouknan, était situé dans le voisinage d'Édesse, mais nous n'en connaissons point au juste l'emplacement.

(80) La date de la mort d'Hérode est de mars, 4ᵉ année av. J.-Ch., ainsi qu'on peut l'induire de divers passages de Josèphe, *Antiq. jud.*, XVII, 6, 4 ; 8, 1 et 9, 3 ; cf. *Bell. jud.*, I, 33, 4.

(81) Auguste étant mort en 14 de J.-Ch., le 14 des kalendes de septembre (19 août), il y a, par conséquent, un intervalle de dix-huit ans entre sa fin et celle d'Hérode ; intervalle que Moïse de Khoren (II, 27) et Açogh'ig réduisent à quelques jours ou à quelque peu de temps seulement.

(82) Moïse de Khoren (II, 27) fait l'énumération des divinités dont Abgar transporta les statues ou les images de Nisibe à Édesse. Ce sont :

1° Naboc ou Nabo, Nabu, ancienne divinité assyrienne ou chaldéenne, dont le nom apparaît comme premier élément de composition dans les noms de Nabu-Chodonosor, Nabu-Zardan, Nabo-Nassar, Nabo-Polassar, etc., et dont il est parlé, ainsi que de Bel, dans Isaïe (XLVI, 1);

2° Bel ou Baal, divinité babylonienne, dont il est si souvent question dans l'Ecriture sainte et dont le culte s'était répandu chez tous les peuples de la Syrie ;

3° Bathnikal, déesse en honneur principalement à Harran, dans la Mésopotamie, d'après les témoignages de Leboubna, mais dont on ne connaît point au juste les attributs ;

4° Tharatha, la déesse Athargatis ou Derceto, qui, au dire de Diodore de Sicile (II, 4), était adorée à Ascalon, sous la figure d'une femme avec le reste du corps en forme de poisson.

Cf. Lucien, *de Dea syra* ; — Jacques de Seroudj, *Discours sur la chûte des idoles*, dans Assemani, *Bibl. orient.*, I, 327, et dans le *Journal de la société orientale allemande*, 1875, p. 131, où M. l'abbé Martin a publié ce discours avec traduction et notes ; — Selden, *de Diis syris*, synt. II, 12 ; — D. Calmet, *Dictionnaire de la Bible*, Vᵒ Dagon ; — Smith, *Dictionary of the Bible*, 2ᵒ édit. 3 vol. in-4ᵒ ; — le P. Léonce Alischan, *Lettre d'Abgar ou Histoire de la conversion des Édesséens par Laboubnia*, p. 31, notes 1 et 2, et p. 32, notes 1 et 2 ; — Phillips, *the Doctrine of Addai, the apostle*, p. 23, note *c* et p. 24, notes *a*, *b* et *c ;* — Castelli *Lexicon syriacum*, ed. Michaelis, vᵒ Athargata.

(83) Cet Ardaschès, roi arsacide de Perse, pourrait bien être Phraataces, successeur d'Arschavir (Phraates IV), lequel monta sur le trône par le meurtre de son père, au dire de Justin ; mais le témoignage de l'historien latin est inconciliable avec le récit de Moïse de Khoren.

(84) Ces noms Gareni-Balhav, Soureni-Balhav et Asbabedi-Balhav, nous offrent, avec le nom d'origine commun aux trois branches collatérales de la famille régnante en Perse, celui qui caractérisait chaque

branche en particulier, lié au second par le *y* d'annexion, d'après une règle commune à la langue parsi, au pelhvi et au néo-parsi ou persan moderne.

Plus loin, l'auteur donne ces noms ethniques sous la forme adjective arménienne, Sourénian et Garénian. Le titre d'Asbabeb (sanskrit *açvapati*) signifie « chef de la cavalerie, » c'est-à-dire généralissime. (Cf. la note 15 de la page 70.)

(85) Saint Grégoire, le premier patriarche de l'Arménie, surnommé l'*Illuminateur*, parce que, suivant le langage des auteurs de sa nation, « il répandit la lumière de l'Evangile dans son pays, plongé dans les ténèbres de l'idolâtrie. » L'histoire de son apostolat et des longues et cruelles souffrances que lui fit endurer le roi Tiridate II, qu'il finit par convertir, ainsi que toute la cour et l'armée, et l'exposé de sa doctrine, forment l'objet du livre que lui a consacré Agathrange. Il monta sur le siége patriarcal en 303-304.

Saint Grégoire, élève de la savante école chrétienne de Césarée de Cappadoce, fut le propagateur du christianisme hellénique en Arménie. Avant lui des prêtres et des docteurs de l'école syrienne d'Édesse, avaient fait entendre leurs prédications parmi les Arméniens, et fondé un commencement d'organisation ecclésiastique. Mais ces premiers essais n'avaient eu qu'un faible succès. C'est à saint Grégoire que revient le mérite d'avoir établi définitivement la doctrine de l'Evangile en Arménie, et d'avoir ainsi donné à sa nation ce caractère moral et cet esprit de patriotisme qui en ont fait un peuple à part dans le monde asiatique.

(86) Les Gamsaragans, famille de la branche des Garénians de Perse, dont le chef éponyme fut Gamsar, fils aîné de Berozamad, lequel vint se mettre au service du roi d'Arménie, Tiridate II. Gamsar, d'après Moïse de Khoren (II, 37) avait reçu ce nom, parce qu'en combattant avec intrépidité contre les troupes du grand Khak'an *(Vzourg* ou *Vezerg Khak'an)*, il avait reçu un coup de sabre qui lui avait enlevé le sommet de la tête. En effet, ce nom est composé de deux mots, *gam* (en persan *manquant)* et *sar* tête. Cette étymologie donnée par Moïse de Khoren semble prouver que la langue parsi, au v⁰ siècle, ne différait point du persan moderne sous le rapport de la composition grammaticale.

(87) Hérode Antipas, le troisième fils d'Hérode le Grand, après la mort duquel il fut nommé par Auguste tétrarque de la Galilée. Il avait répudié sa femme, fille d'Aréthas (Hareth), roi de Pétra, pour épouser Hériodiade, femme de son frère Philippe. Cette union incestueuse lui ayant été reprochée vivement par saint Jean-Baptiste, on sait comment Hérodiade, pour se venger, demanda et obtint la tête du saint Précurseur.

(88) Ce Marinus, fils d'Eustorgius, mentionné aussi par Moïse de Khoren (II, 30), nous est inconnu. Ce ne peut être un des procurateurs de la Judée, puisqu'il était investi d'une mission temporaire et d'un commandement beaucoup plus étendu que ne l'était celui de ces officiers, et qu'il avait sous son autorité la Phénicie, la Palestine, la Syrie et la Mésopotamie. D'ailleurs, le nom d'Eustorgius n'est pas latin, mais grec ; il est cité par Pape, dans son *Woerterbuch der griechischen eigennamen*, 3e édit., par Ed. Benseler. Moïse de Khoren le transcrit sous la forme *Storkià* génitif de *Storkios* ou *Storkès*. Dans le texte syriaque de la relation de la prédication de l'apôtre Thaddée ou Addée à Edesse par Leboubna, il est appelé Sabinus, fils d'Eustorgius, et qualifié de député en Orient de l'empereur Tibère *(The doctrine of Addai, the apostle, now first edited in a complete form, in the original syriac... by G. Phillips, London, 1876, in-8o, p. iv. et 2).* Les PP. Mekhitharistes de Venise, dans leur traduction italienne de Moïse de Khoren (p. 144, note 1), conjecturent que ce personnage est peut-être le tribun Julius Marinus, qui, au rapport de Tacite, *Annal.*, vi, 10, fut plus tard mis à mort par l'ordre de Tibère.

Il peut être utile d'avoir ici la liste des procurateurs de la Judée donnée par Tchamitch (*Histoire d'Arménie*, t. Ier, p. 278); la voici rectifiée d'après Josèphe pour la plupart des noms que le savant religieux de Venise a défigurés.

Copenius ;
Marcus Ambivius ;
Annius Rufus ;
Valerius Gratus ;
Pontius Pilatus ;
et après la mort d'Hérode Agrippa, fils d'Aristobule, fils d'Hérode le Grand :

Cuspius Fadus ;
Tibère Alexandre ;
Cumanus ;
Felix ;
Festus.
Albinus ;
Gessius Florus.

Sous ce dernier, les Juifs s'étant révoltés, Vespasien et Titus marchèrent contre eux, s'emparèrent de toute la Palestine et détruisirent Jérusalem et le Temple.

Je dois ajouter que la relation précitée de Leboubna ou Leboubnia, qui pourrait remonter à la fin du iie siècle ou au commencement du iiie,

a été retrouvée dans ces derniers temps en original parmi les manuscrits syriaques du Musée britannique de Londres. Elle a été d'abord
insérée par fragments dans les *Reliquiæ syriacæ*, du Rev. W. Cureton,
collection publiée après sa mort par M. Wright, à Londres, et enfin,
d'une manière plus complète, d'après un manuscrit de la Bibliothèque
impériale de Saint-Pétersbourg, par le Dʳ George's Phillips. La version
arménienne, probablement contemporaine de la rédaction syriaque,
a été découverte dans la bibliothèque du couvent de Saint-Jacques à
Jérusalem, et publiée à l'imprimerie de ce couvent en 1868, in-18. De
son côté, le R. P. Léonce Alischan, religieux mekhithariste de Saint-
Lazare à Venise, a fait paraître le texte arménien que lui a fourni un
manuscrit de la Bibliothèque nationale de Paris, Venise, 1868, in-8°,
et la traduction française, même ville, même format et même date.

L'original syriaque permet de rectifier la fausse leçon *Leroubna*
qui s'est glissée dans toutes les éditions de Moïse de Khoren, leçon
qui, du reste, paraît être fort ancienne, et qui a prévalu, par suite de
la ressemblance du *r* faible arménien avec le *p* privé de son trait
transversal. Il faut donc rétablir la forme correcte Gh'epoupna
(Leroubna), dans le texte de l'historien arménien.

(89) Bethgoubrin, la Bailogabra de Ptolémée, aujourd'hui Beith-
Djibrin, village du district d'Eleuthéropolis (Reland, *Palæstina.* I, 8 ;
Danville, *Géogr.*, *anc. abrégée*, II, 3). Eleuthéropolis était une ville
épiscopale de la Palestine, sur l'ancien territoire de la tribu de Juda.

(90) Agh'etznik', la Mésopotamie arménienne, dans la vallée supérieure de l'Euphrate et du Tigre, et où se trouvaient plusieurs villes
célèbres, Edesse, Nisibie, Mardin, Amid (Tigranocerte) et Nepher-
guerd (Martyropolis).

(91) Ce mot est transcrit en grec sous la forme *Samsikeranos* ou
Sampsigeramos, dans Strabon *(Geogr.*, xvi, 2, 5, 10); Josèphe *(Antiq.*
jud., xviii, 5, 4 ; et xix, 8, 1). Malala *(Chronogr.*, t. Iᵉʳ, p. 371).
Schemsgram, dans le Livre de la loi des contrées, attribué à Bardesane.
(Cf. Langlois, *Collection des histor. anciens et modernes de l'Arménie*,
t. Iᵉʳ, p. 73.)

Sous le règne d'Abgar, souverain de l'Osrhoène, pays de langue
syriaque, il n'y rien d'étonnant à voir des Syriens à la tête de provinces
ou de districts de l'Arménie.

(92) Abahounik', district de la province de Douroupéran, à l'ouest
du lac de Van, Apakounis de Constantin Porphyrogénète *(de Administr.*
imper., cap. xliv, t. III, p. 191-193, de l'édit. de Bonn).

(93) Moïse de Khoren (II, 32), et d'après lui, Açogh'ig, qualifient
Anan du titre de *courrier (sourhantag)* du roi. Cette expression confirme la leçon *tabelloro* « courrier » qu'il faut adopter dans le texte de

Leboubna, comme l'a fait W. Cureton, dans son *Spicilegium syriacum* à l'exclusion de la leçon *taboulloro*, « tabularius ou archiviste, » qu'a préférée M. Phillips *(The doctrine of Addai*, p. 3 et note 2).

(94) Our'ha, ancien nom que portait la capitale de l'Osrhoène, avant d'avoir reçu des Macédoniens celui d'Édesse, Roha des Arabes, Ourfa ou Orfa des modernes. Après avoir appartenu pendant quelques années aux Arméniens (de l'an 14 à 55 de J.-Ch.), sous les Arsacides, elle fut soumise à la domination des Romains, puis des empereurs de Constantinople, des Arabes et enfin des Turks (1087). Les croisés français s'en emparent en 1099 et la conservèrent quarante-cinq ans, jusqu'en 1144, après quoi elle leur fut enlevée par Emad-Eddin Zangui, prince des Atabeks de Syrie. Cette ville célèbre, qui renferme des monuments, restes de la domination française, attend encore un explorateur qui décrive et nous fasse connaître ce qu'il en reste aujourd'hui.

(95) Eusèbe, dans son récit de l'ambassade envoyée par Abgar au Sauveur, ne parle pas de cette image de Jésus-Christ, prise sur nature. Mais il en est fait mention par Moïse de Khoren (II, 33), ce qui prouve que, déjà au ve siècle, cette particularité avait éte ajoutée à la tradition primitive. Cette image, transportée d'abord à Édesse, et ensuite à Constantinople, par les soins de l'empereur Nicéphore Phocas, est déposée aujourd'hui dans l'Eglise de Saint-Barthélemy, à Gênes, et conservée comme une des plus précieuses reliques de cette ville. J'en ai donné l'histoire d'après l'*Armenia* de M. l'abbé Cappelletti, dans la note 4 de la page 227-228, du t. Ier de mes *Documents arméniens relatifs aux Croisades*. Si l'on s'en rapporte aux autorités qu'a suivies M. l'abbé Cappelletti, ce fut l'empereur Constantin Porphyrogénète qui l'acheta aux Arabes, alors maîtres d'Edesse, pour une somme de douze mille pièces d'argent et qui la fit transporter à Constantinople ; il ajoute que l'empereur Jean VI, Paléologue, reconnaissant du secours que lui avaient fourni les Génois, contre son gendre Jean Cantacuzène, qui l'avait dépouillé de sa couronne, en fit cadeau au doge Leonardo Montaldo.

(96) Sanadroug (Sanatrucès), neveu (fils de la sœur) d'Abgar, gouverna d'abord la Grande Arménie, avec le titre de *prince des princes*, puis, au bout de quatre ans, après la mort d'Ananoun, fils d'Abgar, il régna à Edesse et sur toute l'Arménie. Baptisé par saint Thaddée, il abjura plus tard et revint à l'ancienne religion arménienne. Il fit mourir saint Thaddée et sa propre fille Santoukhd, qui avait résisté à ses instances pour la forcer à renoncer à la foi. Il régna quatre ans avec Ananoun et trente ans seul (34 à 52 de J.-Ch.).

(97) Ardaz, Ardoz ou Ardazaguê, district appelé aussi Schavarschan, dans la province de Vasbouragan, au pied du Massis ou Ararad, vers le sud-est.

(93) La ville où l'apôtre saint Barthélémy fut martyrisé par ordre du roi Sanadroug est placée en Arménie par Moïse de Khoren (II, 38), qui transcrit le nom de cette ville sous la forme Arebanos, l'Arabiôn d'Açogh'ig. Saint Dorothée l'appelle Corbanopolis de la Grande-Arménie Sophonius, Albanopolis; Nicétas, Urbanopolis. Dans le t. IX, p. 445 des *Vie des Saints*, le P. J.-B. Aucher, indique le lieu du martyre de saint Barthélémy, à Arevpanos ou Ourbanos, qu'il suppose avoir existé non loin de Salamasd et d'Ormi, dans la Perse-Arménie, sur les limites de l'Adherbeïdjan; mais cette ville, quelle que soit la manière d'orthographier son nom, est tout à fait inconnue. Le P. Stilting, dans le recueil des Bollandistes, n'a pas été plus heureux pour jeter quelque lumière sur les courses apostoliques et le lieu de la mort de notre saint.

(99) Il y avait eu un Erouant Ier, bien antérieur à celui-ci, puisqu'il est de la première dynastie arménienne, celle des *Haïciens*, et qu'il régna, suivant les calculs approximatifs de Tchamitch, de 569 à 565 av. J.-Ch.

(100) Moïse de Khoren (II, 87), fait monter Erouant II sur le trône d'Arménie la huitième année de Darius (Vologèse), roi de Perse, (en 58 de l'ère chrét.) et non la septième, comme marque Açogh'ig.

(101) Sempad, fils de Piourad, de la famille des Bagratides. Cf. Moïse de Khoren, ii, 36 et 37.

(102) Parmi les archives que les Romains réunirent à Edesse et qui renfermaient des documents soit administratifs et relatifs à la perception des impôts, soit provenant des temples et ayant un caractère religieux ou historique, Moïse de Khoren (II, 38) mentionne principalement celles de la ville de Sinope, dans le Pont.

(103) L'Akhourian sort du mont Barkhar, traverse le district de Schirag, passe, auprès de Kars et d'Ani, et va se jeter dans l'Araxe, au-dessous de cette dernière ville. Il porte aujourd'hui le nom de Karéked, en arménien, ou Arpa-Tchaï, en turk, c'est-à-dire « rivière de l'orge, » ou celui de Gh'arsou-Ked, « rivière de Kars. »

(104) Erouantak'ar (la roche d'Erouant) paraît avoir été la forteresse intérieure de la ville d'Erouantaschad ou Erouantaguerd. Quelques-uns ont cru que ces deux dernières dénominations s'appliquaient à deux cités distinctes, séparées par l'Araxe. Mais il est probable que ce n'est qu'une seule et même ville, ayant deux noms, l'un parthe (Erouantaschad) et l'autre arménien ou perse (Erouantaguerd, de *guerdel*, « faire, ou construire » *Kerden* en persan).

(105) Voir sur la valeur de cette mesure la note 75 ci-dessus, p. 80.

(106) Le mot Pakaran et suivant la prononciation arménienne orientale, *Bagaran*, c'est-à-dire le *lieu* ou *la ville des dieux*. En effet, *bag*, en sanskrit *baga*, en slavon *bog*, signifie « Dieu » et *aran* est un

suffixe arménien qui indique le lieu où une chose se fait ou bien est déposée. Le mot *pak* ou *bag* se rencontre aussi dans plusieurs autres dénominations géographiques de l'Arménie, comme *Bagavan* « le bourg des dieux, » aujourd'hui Bakou, lieu vénéré par les Guèbres, à cause des feux que produisent les sources de naphthe qui jaillissent du sol ; Bagarindj, ou Bagayarindj, bourg du district de Terdchan, dans la province de Haute-Arménie. etc.

(107) Le Medzamôr « grand marais, » était, suivant Indjidjian, *(Arménie ancienne*, p. 465), un lac dont les eaux, en s'échappant de son bassin, formaient un courant qui, traversant la ville d'Ardaschad, venait se jeter dans l'Araxe. Agathange (II, 8), parle d'un pont sur le Medzamôr, non loin de cette ville. Suivant Tchamitch *(Hist. d'Arménie*, index général, t. III, p. 167), c'est une rivière qui, après avoir passé auprès des anciennes villes de Tevin et d'Artaxate, va se jeter dans l'Araxe, du côté nord.

(108) La célèbre ville d'Artaxate, capitale de l'Arménie sous les successeurs d'Ardaschès. Elle avait été fondée, d'après les avis et les plans d'Annibal, par Artaxias, d'abord gouverneur de l'Arménie pour les Séleucides, puis souverain indépendant. Sous Néron, elle fut dévastée et brûlée par Corbulon, puis rebâtie sous le nom de Neronia, par Tiridate II. Après que le roi d'Arménie, Arsace III, eut été retenu prisonnier par Sapor II, roi de Perse, Artaxate, tombée au pouvoir de ce dernier, perdit ses monuments et ses habitants, qui furent traînés en captivité. Elle se releva en 450, année où un concile y fut tenu par le patriarche Joseph pour s'opposer à la diffusion de la religion de Zoroastre parmi les Arméniens. Détruite de nouveau aux vi[e] et viie siècles, d'abord par les Perses et ensuite par les Arabes, elle n'est plus aujourd'hui qu'une bourgade faisant partie du domaine particulier du catholicos ou patriarche d'Arménie. Chardin parle des ruines de cette ville où il signale celles d'un vaste palais appelé Thakt-Dertad.

(109) L'adoption par les Arméniens des cycles de semaines, de mois et d'années, que mentionne notre auteur, d'après Moïse de Khoren (II, 59), semble prouver qu'ils introduisirent alors chez eux la période de 1461 années vagues = 1460 années juliennes, dont le renouvellement coïncida avec le 11 juillet 552. Par conséquent, la période précédente était comptée à partir du même jour de l'année 908 av. J.-Ch. Ils durent emprunter cette période à la Perse, pays voisin, avec lequel ils avaient en commun, à cette époque reculée, la civilisation, la religion avec les mêmes maîtres.

L'année vague de 365 jours et le grand cycle de 1460 ans, dont elle implique l'existence et l'emploi simultanés, étaient en usage, comme on sait, en Égypte, sous le nom de *période sothiaque ;* cette forme d'année avait cours aussi, à ce qu'il paraît, dans toute l'Asie occidentale. Elle y fut maintenue, comme année sacrée, lorsque les progrès de la science astronomique eurent révélé la durée précise de l'année tropique. Les Arméniens la conservent encore de nos jours, tout en en combinant la marche avec celle de l'année julienne qui sert à régler leur calendrier ecclésiastique et civil. Dans l'année vague, les mois étaient de 30 jours, ce qui nous donne 30 × 12 = 360, auxquels on ajoutait cinq jours épagomènes, *avéliats*, en tout 365 jours. C'est par erreur que Moïse de Khoren et Açogh'ig parlent de cycles de semaines ; car la période hebdomadaire est une institution judaïque, imitée par les chrétiens, tandis que, dans le calendrier égyptien, perse et arménien, les jours se succédaient dans le cours du mois par une progression non interrompue de 1 à 30. Il est probable que e calendrier arménien, qui n'a jamais subi de changement, reproduit la forme de l'ancien calendrier de la Perse, telle qu'il était avant la réforme qui porte le nom d'Iezdedjerd III, et qui procède par sous-périodes de 120 ans.

(110) Le district d'Eguéghiats, qui correspond à l'Acilisène de Strabon (XI, p. 527-530) et de Ptolémée *(Geogr.*, V, 13), était un district de la province de la Haute-Arménie, où s'élevait le temple de la déesse Anaïtis, qui a été assimilée à Diane. Ce district était situé sur la rive occidentale de l'Euphrate, à la hauteur de la ville d'Érez ou Eriza, la moderne Arzendjan.

(111) Le Mourts, affluent de la rive gauche de l'Araxe, va se jeter dans ce fleuve, sur les limites du district de Passên; c'est probablement le *Musus* de Pline (VI, 9).

(112) Le mot *avan*, en arménien, *bourg, gros village*. Ainsi Vagh'arschavan signifie le *bourg de Valars*. Ce bourg était compris dans le district de Passên, qui faisait partie de la province d'Ararad, à l'est de Garin (Théodosiopolis). Cf. note 40 ci-dessus, p. 74.

(113) La célèbre province d'Ararad ou Aïrarad, situé au centre de la Grande-Arménie, et dont le nom sert quelquefois à désigner tout ce pays. Elle est traversée dans toute sa largeur par l'Araxe qui la partage en deux parties presque égales. Sous les rois Arsacides, elle était subdivisée en vingt districts ; du temps des Bagratides, sa capitale, Ani, s'éleva à un haut degré de prospérité et de splendeur, dont témoignent ses ruines admirablement conservées. V. la description d'Ani dans le *Voyage en Pologne et en Crimée*, du P. Minas Medici, Venise, 1830, in-8, et celle plus récente de l'archimandrite Abel Mekhithariants, religieux d'Edchmiadzin, Constantinople, 1855, in-18 (en arménien); ainsi que Texier, *Voyage dans l'Asie-Mineure, l'Arménie et la Perse.*

(114) Vartkès, du mot *vart* « rose, » et *kês* « chevelure. » c'est-à-dire, celui dont la chevelure a la couleur ou l'odeur de la rose.

(115) Le K'assagh', ou rivière de Valarsabad ; et dans la géographie de l'Arménie moderne, Garpi-Dchour, « rivière de Garpi, « parce quelle passe auprès de Valarsabad et de Garpi ; l'un des affluents septentrionaux de l'Araxe.

(116) Valarsabad, ville de la province d'Ararad, l'une des anciennes capitales de l'Arménie, fondée par le roi Erouant Ier, dans le vi[e] siècle avant notre ère. Elle porta d'abord le nom d'Ardimet, avant de recevoir celui de Valarsabad, et celui aussi de Ville-Nouvelle. Le mot *abad*, qui termine, comme second élément de composition, le nom de plusieurs villes de l'Arménie et de la Perse, appartient à la langue de ces deux pays, avec la signification de « lieu habité, » et par suite de « ville. » En arménien, le mot *an-abad*, « non habité, » est très usité pour exprimer le désert, les lieux solitaires où vivent les anachorètes et les moines.

(117) Les Khazirs ou Khazars, peuple dont il est fréquemment question dans les historiens byzantins, une des nations du Nord, comprises sous le nom générique de Scythes ou de Sarmates, occupaient au temps de Moïse de Khoren (Cf. *Hist. d'Arménie*, II, 65, et *Géographie*, dans Saint-Martin, *Mémoires*, t. II, p. 354-355), le nord de la mer Caspienne. Dans leur voisinage se trouvaient les Basiliens, en arménien, *Barsegh'* dont le nom rappelle les Sarmates royaux (Basiliscæi Sarmatæ de Ptolémée). V. Stritter, *Memoriæ populorum, olim ad Danubium, Pontum Euxinum, paludem, Mæotidem, Caucasum, mare Caspium et inde magis ad septemtriones incolentium, e scriptoribus byzantinis crutæ et digestæ*, 4 vol. in-4°, Pétersbourg, 1779, t. III, p. 550-578.

(118) La Porte de Tchor ou Dchor, ou Porte des Huns, *Zoûr* d'Agathange et de Procope ; *Bah-Tour'n*, « la Porte de garde, » dans l'historien Elisée, est le défilé qui s'ouvre entre l'extrémité orientale de la chaîne du Caucase et la mer Caspienne, le Derbend (défilé) des historiens et géographes arabes, persans et turks. Il y avait sur ce point des travaux considérables de défense qui se reliaient à la muraille que les rois de Perse avaient fait construire sur toute l'étendue de la chaîne du Caucase, pour contenir les barbares du Nord.

(119) Saint-Martin (*Mémoires*, t. I, p. 301) lit ; « Venaseb et Sourhag », et en fait deux personnages, l'un roi des Khazars, et l'autre des Basiliens ou Scythes royaux. Mais ni le texte de Moïse de Khoren (II, 65), ni celui d'Açogh'ig ne justifient cette distinction.

(120) J'ai rendu par : *pays de résidence royale*, l'expression armé-

nienne *arkayanisd aschkharh*, qui signifie littéralement « pays où réside le roi. » Ce sont sans doute les contrées qui relevaient immédiatement de l'autorité royale, et étaient gouvernées par des préfets temporaires nommés directement par le souverain, à la différence des satrapes, sorte de feudataires, investis par une concession perpétuelle accordée à eux et à leurs descendants.

(121) La porte de Saint-Thaddée. Les Arméniens entendent quelquefois par le mot *tour'n*. « porte », une église ou une chapelle.

(122) C'est-à-dire la partie intérieure et secrète de la tente qui renferme le harem.

(123) Les Mantagounis, illustre famille satrapale d'Arménie, issue de Miantag, dit l'inévitable [dans les combats], lequel avait été préposé par le premier roi arsacide d'Arménie, Valarsace, à la garde des montagnes et à la chasse du chamois. Les possessions de cette famille étaient sur les limites des districts de Hark' et de Darôn, dans le Douroupéran. A cette famille appartenait le patriarche Jean Ier, dit Mantagouni, l'un des pères les plus éloquents de l'Eglise arménienne.

(124) Tiridate II (Dertad), après la mort de son père Khosrov, fut emmené par son gouverneur Ardavazt (Artabaze) Mantagouni, chez les Romains. Il y fut élevé et se distingua à leur service, dans les guerres que soutinrent les empereurs qui se succédèrent, depuis Carus et Numérien jusqu'à Dioclétien. Devenu leur client, il fut replacé par leur secours sur le trône d'Arménie (Moïse de Khoren, II. 79, 82, 83, 85 et 87).

Après avoir été le persécuteur acharné de saint Grégoire l'Illuminateur, il se convertit à la foi du Christ, et y entraîna sa nation. Il est le premier de tous les souverains qui aient embrassé le christianisme, puisque sa conversion précéda de plusieurs années celle de Constantin le Grand. Tiridate est honoré comme un saint par les Arméniens et son nom est inscrit dans leur ménologe.

(125) En arménien, Schabouh ou Sapor, signifie en effet comme le disent Moïse de Khoren et Açogh'ig, *fils de roi, prince royal*, sanskrit *Kschatropoutra*.

(126) Il y a, dans le texte arménien, *medz kerkessios*, qui est la transcription de la dénomination du *Circus maximus*, à Rome, entre le Palatin et l'Aventin. Fondé par Tarquin l'Ancien, rebâti avec magnificence par Jules César, orné par Auguste, il eut beaucoup à souffrir dans l'incendie de Néron. Après avoir été restauré par Vespasien et Trajan, puis agrandi et de nouveau embelli par Constantin et son fils Constance, il fut rendu un instant à son ancienne splendeur par le roi Théodoric le Grand. Depuis lors, il tomba rapidement en ruines

et il n'en reste aujourd'hui que quelques vestiges, à son extrémité sud-est (*Handbook of Rome and its environs*, 11º édition, dans les *Guides Murray*, Londres, in-12, 1872).

(127) Moïse de Darôn, plus connu sous le nom de Khorenatsi, c'est-à-dire, originaire de Khoren ou Khorni, bourg du district de Darôn, dans la province de Douroupéran.

(128) Pakrévant et Archarounik', districts de la province d'Ararad.

TABLE

DES CHAPITRES DU LIVRE SECOND

CHAP. Ier. — *Règne de Dertad (Tiridate II) et rois arsacides, ses descendants. — Conversion de
l'Arménie au christianisme, par saint
Grégoire [l'Illuminateur]. — Patriarches
issus de sa race.*

CHAP. II. — *Princes arméniens qui gouvernèrent le pays ;
après les rois arsacides. — Patriarches
d'Arménie qui montèrent sur le siége, après
l'extinction de la famille de saint Grégoire.*

CHAP. III. — *Rois sassanides de Perse, leurs noms et la
date de leurs règnes.*

CHAP. IV. — *Emir-almouménin des Dadjigs (Arabes) et
événements accomplis de leur temps.*

CHAP. V. — *Emir-almouménin, d'après une autre source ;
et doubles noms qu'ils ont portés.*

CHAP. VI. — *Empereurs grecs et dates de leurs règnes,
depuis Constantin jusqu'à ce jour.*

LIVRE SECOND

CHAPITRE PREMIER

Règne de Dertad (Tiridate II) et rois arsacides, ses descendants. — Conversion de l'Arménie au christianisme, par saint Grégoire [l'Illuminateur]. — Patriarches issus de sa race.

Après avoir commencé notre récit à partir du premier homme créé par Dieu, de notre père primitif, Adam (1), en prenant pour guide l'Écriture sainte, que nous avons abrégée, mais suivie d'un bout à l'autre exactement, nous avons noté les époques et les dates ; et nous sommes arrivés au règne de Tiridate II, le premier souverain qui s'illustra par sa conversion à la foi du Christ. Maintenant nous placerons en tête et au début de ce second livre, notre autre père, le premier illuminateur de l'Arménie [saint Grégoire], et nous continuerons par ordre de succession jusqu'au temps où nous vivons. Nous mentionnerons les rois arsacides, jusqu'à l'extinction de cette dynastie, et ensuite les princes arméniens, qui se sont succédé jusqu'à l'établissement de la dynastie des Bagratides. [Nous donnerons] la liste des rois sassanides de Perse, jusqu'à leur renversement par Héraclius (2), et ensuite celle des Amir-al-Mouménin des Dadjigs

(Arabes), avec la durée de leurs règnes. Nous dirons les actions de valeur qui furent accomplies de leur temps ; les vertus des saints hommes qui marchèrent avec gloire dans la voie de Dieu ; nous célébrerons les docteurs (vartabeds) qui se distinguèrent par leur éloquence ou par leurs talents littéraires ; nous raconterons les vicissitudes de paix ou de troubles, survenues dans notre pays.

Nous étant enquis de la première année de Tiridate, nous avons trouvé qu'il monta sur le trône la deuxième année de Dioclétien, et la deuxième aussi de Sapor Ier (Schabouh), roi de Perse (3). Tiridate étant arrivé à Césarée, nombre de satrapes arméniens allèrent au-devant de lui (4). La première année de ce prince, saint Grégoire, après avoir souffert d'intolérables tourments pour la foi du Christ, fut précipité dans un souterrain (5). Cependant le brave Tiridate, livra en peu de temps maints et maints combats : d'abord en Arménie et ensuite en Perse. Les Perses, si robustes eux-mêmes, firent l'épreuve de la vigueur extraordinaire de ce héros. Ayant eu son coursier tué sous lui à coups de flèches, il fut renversé à terre. Mais, se relevant aussitôt, il fondit à pied sur les ennemis, et se vengea en exterminant un grand nombre d'entre eux. S'étant emparé du cheval de l'un de ses adversaires, il y monta bravement. Dans une autre rencontre, où il avait aussi voulu combattre à pied, il repoussa, l'épée à la main, les rangs des éléphants. Après s'être longtemps signalé en Perse et en Assyrie par des prouesses éclatantes, il poussa jusqu'au-delà de Dizpon (Ctésiphon).

La quinzième année de son règne, de saintes filles, Hripsimê et Gaïanê, avec leurs compagnes, persécutées par Dioclétien pour la foi, se rendirent dans la ville de Valars'abad, et reçurent du roi Tiridate la couronne du martyre (6). Aussi, Dieu infligea un châtiment à ce prince et à ses sujets (7);

Alors saint Grégoire ayant été, par suite d'une merveilleuse révélation d'en-haut, retiré du souterrain, se mit à répandre sa lumineuse doctrine, et à guérir les malades (6). Pendant cinq jours, tout le peuple resta sans prendre de nourriture, occupé à recueillir les enseignements que faisait entendre le saint homme. C'est le jeûne annuel, appelé Ar'adchavor (Préalable), lequel s'observe encore jusqu'à présent, sans compter les soixante jours de la prédication de saint Grégoire (7).

Tiridate étant parti pour Rome, afin d'aller voir le saint [empereur] Constantin (8), Schabouh (Sapor Ier) profitant de son absence, et méditant la perte de notre pays, pousse, par ses instigations, les nations septentrionales à s'élancer, en hordes nombreuses, contre l'Arménie. Porté de son côté à des desseins hostiles, le chef de la famille Selgouni (9), se révolte contre le roi, et se retranche dans la forteresse Ogh'agan (10). Aussitôt accourt de l'occident le grand Tiridate, qui envoie Mamkoun, d'origine chinoise, vers Selgoun (11). Celui-ci parvint, par des paroles artificieuses, à tromper Selgoun, et un jour étant allé à la chasse ⌊avec lui⌋, il le tua d'un coup de flèche. A cette nouvelle, Tiridate donna à Mamkoun le rang de satrape, à la place du rebelle, et appela le district de Darôn du nom de ce dernier, satrapie Mamkounienne.

Cependant le roi, à la tête de l'armée arménienne, va camper, dans la plaine des Karkaratsis (12), en face des peuples du Nord, rangés en bataille, et il en vient aux mains avec eux. Au milieu de l'action, rompant les rangs pressés des ennemis, et avec une valeur irrésistible, il frappe à coups redoublés, et fait mordre la poussière à un nombre infini de barbares. Pareil à un adroit pêcheur, secouant à terre son filet rempli de poissons, il abattait les ennemis. A cette vue, le roi des Basiliens, s'avançant à sa rencontre, lui lance vigoureusement son lacet par derrière, et emboîte l'épaule droite du souverain arménien, au moment où celui-ci levait son épée pour frapper son ennemi. Le roi des Basiliens était protégé par une cotte de maille impénétrable aux traits. N'ayant pu, par la force des bras, ébranler le gigantesque héros, celui-ci saisit par le poitrail le cheval de son adversaire, qui, malgré les coups multipliés d'éperons, ne put se dégager assez lestement avant que Tiridate n'eût saisi avec prestesse, de sa main droite, le lacet formé de nerfs de bœuf. L'ayant tiré à lui de sa force toute puissante, il atteignit son ennemi avec son épée à deux tranchants, et par un coup si bien visé qu'il le fendit en deux, et, du même coup, qui lui partagea les épaules, il abattit la tête du cheval. Témoins de cet exploit, les barbares prirent la fuite, et Tiridate s'en retourna, chargé de butin.

Ayant réuni à lui tous les septentrionaux, il marche vers la Perse, contre Schabouh (Sapor) fils d'Ardaschir (13). Il avait avec lui ses quatre généraux : Mihran, chef des Géorgiens, qui avait mérité sa confiance en se ralliant à la foi du Christ, car, à cette époque, les Géorgiens s'étaient convertis au Dieu vivant, avec leur chef Mihran, à la voix de Nounê, l'une des compagnes de sainte Hripsimê ; Pakarad, asbed (14) ; Manadjihr, prince de la famille des Reschdounis, [et Vahan, prince des Amadounis] (15).

La dix-septième année du règne de Tiridate, saint Grégoire monta sur le trône patriarcal de l'Arménie, et l'occupa trente ans (16).

La quarante-septième année du même prince, saint Grégoire, après avoir équipé et disposé son plus jeune fils Resdaguès, l'envoya à Césarée, pour y recevoir la consécration, comme patriarche d'Arménie. Resdaguès remplit ces fonctions pendant sept ans. Il bâtit la grande église du pays de Dzopk', dans le gros bourg de Khozan. Ayant eu connaissance de la conduite dissolue d'Archélaüs, prince de la Quatrième-Arménie, il lui adressait des reproches chaque jour. Ce chef, qui guettait l'occasion de se défaire du saint patriarche, l'ayant rencontré au moment où il se rendait dans la contrée de Dzopk', le tua avec l'épée. Craignant de s'ètre attiré par ce crime le courroux du roi, il s'enfuit à Tarse, en Cilicie. Les diacres de Resdaguès, ayant relevé son corps, allèrent l'ensevelir dans la province d'Eguégh'iats, au village de Thortan.

La cinquante-quatrième année de Tiridate, ce prince établit Verthanès, fils aîné de saint Grégoire, catholicos de la Grande-Arménie. Il siégea dix-sept ans (17).

Cependant, Tiridate, après avoir embrassé le christianisme, embellit le trône de l'éclat de ses vertus; il voulut doter l'Arménie entière des bienfaits de la nouvelle religion. Mais notre orgueilleuse nation, au cœur dur et au caractère pervers, résista à sa volonté. Alors le roi, déposant sa couronne terrestre, pour courir après la couronne céleste, alla se retirer dans le lieu qu'avait habité le saint anachorète du Christ [Grégoire], et que l'on appelle l'antre de Mani; il se confina dans cette solitude, au milieu des montagnes. Les satrapes, ayant envoyé vers lui pour lui promettre de vivre saintement, suivant ses désirs, s'engageant à le reconnaître toujours pour leur souverain, et le saint roi s'y étant refusé, ils lui donnèrent un breuvage empoisonné, comme [autrefois les Athéniens avaient fait boire] la ciguë à Socrate, ou comme les Juifs, dans leur rage, présentèrent à notre Sauveur une boisson mêlée de fiel. Ce fut ainsi que les satrapes éteignirent au milieu d'eux le brillant flambeau de la foi, et furent privés du bienfait de ses rayons lumineux. Tiridate avait régné cinquante-six ans (18).

Au moment où se répandit la nouvelle de sa mort, le bienheureux patriarche Verthanès se trouvait au district de Darôn, dans l'église d'Aschdischad, occupé à célébrer la vigile de la fête de Pâques. Les habitants du pays étaient accourus par groupes à l'instigation de la Reine des Reines (19), qui, irritée des reproches continuels que lui adressait Verthanès, cherchait à se débarrasser de lui. Le patriarche, étant sorti de l'église, vit toute cette multitude, retenue comme enchaînée par des liens invisibles. Après avoir appris d'eux la cause de cet accident, il les congédia [rendus à la liberté], et se dirigea vers le district d'Eguéghiats.

En apprenant la mort de Tiridate, les barbares de l'Agh'ouanie, excités par le perfide Sanadroug, prince de cette contrée, de race arsacide, firent mourir leur évêque, Grégoire (Krikoris), fils de Verthanès, en le faisant fouler aux pieds des chevaux, dans la plaine de Vadnian, non loin de la mer des Gasp (Caspienne). Ses diacres, ayant relevé son corps, le transportèrent dans la petite Siounik', au bourg d'Amaras (20).

Cependant le roi Sanadroug, qui possédait en propre la ville de Ph'aïdagaran, voulut se rendre maître de toute l'Arménie. La connaissance de ce projet par le grand prince Pagour, ptiaschkh d'Agh'etznik', lui suggéra l'idée d'en faire autant, et il se ligua avec Ormizt, roi de Perse. De leur côté, les satrapes arméniens se réunirent auprès du grand Verthanès et envoyèrent deux des principaux chefs vers l'empereur Constance, fils de Constantin, pour lui demander des secours, et le prier de donner pour roi à l'Arménie Khosrov (Chosroës), fils de Tiridate (21). L'empereur, ayant agréé cette demande, fit partir une nombreuse armée sous les ordres d'Antiochus (22), qui vint placer sur le trône Khosrov, et envoya Manadjihr, avec l'armée du Midi et la légion de Cilicie contre le ptiaschkh Pagour. En même temps, Antiochus, ayant pris avec lui le reste des troupes arméniennes et les ayant réunies à l'armée grecque, marcha contre Sanadroug. Ce prince, après avoir garni de troupes perses la ville de Ph'aïdagaran, se sauva auprès du roi de Perse avec les satrapes des Agh'ouans. Les Arméniens saccagèrent le pays et, après cette expédition, s'en retournèrent chez eux.

Cependant Manadjihr, s'étant porté vers le sud, défait le ptiaschkh Pagour, met son armée en déroute, et chasse en même temps les auxiliaires que celui-ci avait reçus de la Perse. Une multitude de captifs furent enlevés par lui de Medzpin (Nisibe) et dans le nombre huit diacres du grand évêque Jacques (23). S'étant mis en quête de ces captifs, Jacques pria Manadjihr de leur rendre la liberté. Mais, sur son refus, Jacques résolut d'aller trouver le roi ; alors Manadjihr, irrité, ordonna de précipiter ces huit diacres dans la mer. Jacques, à la nouvelle de leur mort, s'en revint chez lui, et, plein de colère, comme Moïse lorsqu'il sortit de la présence de Pharaon, il gravit une montagne d'où l'on pouvait apercevoir les environs au loin, et là il maudit Manadjihr et le district. La vengeance de Dieu ne tarda pas à se faire sentir, car Manadjihr, pareil à Hérode, mourut bientôt après, et la contrée perdit sa fertilité, sous un ciel d'airain. La mer, se soulevant, engloutit les limites des campagnes. Le roi Khosrov, apprenant ces désastres, s'humilia et recommanda de mettre les captifs en liberté. Après la mort de Jacques, le fils et successeur de Manadjihr fit une sévère pénitence accompagnée de larmes et de gémissements, et, par l'intercession du saint, obtint, pour lui et pour son pays, la délivrance des maux dont ils étaient tourmentés.

La seconde année d'Ormizt, roi de Perse, et la troisième de [l'empereur] autocrate Constance (24), grâces à la volonté de ce dernier, Khosrov [le Petit] régna sur l'Arménie ; mais il fut loin d'égaler son père pour la bravoure et le courage. Il est vrai qu'il était d'une petite taille, mais non au-dessous de celle d'Alexandre de Macédoine, qui n'avait que trois coudées de haut. Khosrov se borna à fonder une ville au pied de la montagne de Kégh'am ; il transporta sa demeure sur une colline où il construisit un palais environné d'ombrages, lequel est appelé, dans la langue des Perses, Tevin, mot qui signifie en effet *colline* (25).

A cette époque, la planète de Mars s'étant rencontrée sur la même route que le soleil, l'air, devenu brûlant et corrompu, répandait de fétides émanations. Aussi les habitants d'Ardaschad acceptèrent volontiers ce changement de résidence.

Sous le règne de Khosrov, les nations du Nord, habitant le Caucase, s'étant coalisées fondirent en masse, jusqu'au cœur de notre pays, au nombre de 30,000 hommes. Parvenus aux portes de Valarsabad, ils mirent le siège devant cette ville. Les troupes arméniennes les ayant surpris à l'improviste, leur livrèrent combat auprès de la roche escarpée [appelée] Oschagan (26). Un des barbares [anariens], guerrier d'une stature démesurée, protégé par une cuirasse de feutre qui l'enveloppait entièrement, se signala par ses prouesses au milieu des combattants, et nul ne pouvait lui résister. Car, sur sa cuirasse, venaient s'émousser les coups de lance. En ce moment, le brave Vahan Amadouni, tournant son regard vers l'église cathédrale (27), s'écria : « Viens à mon aide, ô Dieu qui as dirigé la fronde de David droit contre le front de Goliath, dirige aussi ma lance contre ce terrible géant. » Sa prière fut exaucée ; car, frappant la croupe du cheval de son adversaire, il le jeta à terre. Épouvantés de ce coup terrible, les ennemis prirent la fuite. Pakarad, en s'en retournant dans le district de Dzopk', rendit au roi un témoignage exact et impartial du haut fait accompli par Vahan. Pour récompenser celui-ci, le roi lui fit donation du lieu qui avait servi de champ de bataille, Oschagan. Khosrov ne survécut pas longtemps à cet événement ; il mourut après un règne de neuf ans. Son corps fut transporté et enseveli à Ani (28), auprès de son père.

La dix-septième année du règne de Constance Auguste (29), ce prince donna la couronne à Diran, fils de Khosrov, et l'envoya en Arménie.

Le grand Verthanès, après avoir passé quinze ans sur le siège patriarcal, mourut dans la troisième année de Diran, et 'Ousig (Hésyche) son fils, fut conduit dans la ville des Kamirs (Césarée de Cappadoce) (30), pour y recevoir la consécration, comme patriarche d'Arménie. Il siégea six ans.

Cependant Diran irrité contre le bienheureux 'Ousig qui ne cessait de lui adresser des réprimandes, et aussi au sujet de l'image de Julien, que le roi avait fait placer dans l'église du district de Dzopk', et que le saint patriarche avait foulée aux pieds et mise en pièces, ordonna de le frapper à coups de fouet si violemment, que Verthanès rendit l'âme au milieu des tourments. Diran, maudit pour ce crime par le vieux chorévêque Daniel, disciple de saint Grégoire, en fut tellement irrité qu'il condamna Daniel a être étranglé. Il fut enseveli dans le monastère appelé Hatsiats-Trakhd (Jardin des frênes) (31) : et le bienheureux 'Ousig transporté et déposé auprès de son père, au village de Thortan.

Dans la seconde année (32) de Diran, le patriarcat fut dévolu à Ph'arnerseh, originaire d'Aschdischad [dans le district] de Darôn. Homme digne de louanges, il siégea quatre ans.

A cette époque, un général de Sapor, roi de Perse, arriva avec des forces imposantes en Arménie. Ayant persuadé par ruse Diran de venir le trouver, il lui fit crever les yeux, dans le district d'Abahounik', au village d'Artzgagh', et, comme le raconte Faustus de Byzance [III, 20], Diran fut puni ainsi d'avoir éteint les deux flambeaux de l'Arménie.

A Diran succéda Arsace, son fils qui occupa le trône sept ans (33).

La quatrième année de son règne, il envoya en pompe et avec une nombreuse escorte de troupes, Nersès, fils d'Athanakinès, fils de 'Ousig, fils de Verthanès, fils de saint Grégoire, dans la contrée de Kamir (la Cappadoce), pour y être consacré partriarche d'Arménie. Nersès siégea trente-quatre ans.

Du temps du roi Arsace, vivaient Vasag, fils de Vatchê, sbarabed (généralissime) de l'armée arménienne, qui construisit Vasagaguerd, dans le district d'Eguégh'iats; et le brave Mouschegh', fils de Vasag, de la famille des Mamigoniens.

[Le roi] fit périr Knel, fils de son frère, dont il convoitait l'épouse Ph'ar'antzem, et aussi à l'instigation de Dirith (34), qui lui donnait de perfides conseils. Ph'ar'antzem était la fille d'Antog (Antiochus), prince de Siounik' (35). Pour venger ce crime, Nersès maudit Arsace, et le royaume d'Arménie. En même temps, il s'éloigna et se retira sur le territoire grec, laissant pour le remplacer Khat, évêque de Pakrévant, lequel était originaire du district de Garin, du village de Markats (des prairies), dont les greniers regorgèrent, comme cela arriva du temps du grand [prophète] Elie.

A cette époque, Sapor, roi de Perse, arriva dans l'Aderbadagan, et ayant mandé auprès de lui Arsace, le fit arrêter, charger de chaînes, et conduire dans le Khoraçan (36). La femme du roi, Ph'ar'antzem, qui avait prévu ce malheur, se sauva et alla se renfermer dans la forteresse d'Ardakers (37). Cependant le roi de Perse, ayant établi Mehroujan Ardzrouni (38), comme prince d'Arménie, s'en retourna dans ses États. Celui-ci assiégea la forteresse d'Ardakers, la prit et en fit sortir Ph'ar'antzem, attachée à un timon de char, suivant la coutume des Perses.

En apprenant ce qui s'était passé, le grand Nersès supplia l'autocrate Théodose [Ier] de ne point abandonner l'Arménie. Le puissant empereur, prêtant une oreille favorable à ses instances, fit venir le fils d'Arsace, Bab, qui se trouvait comme otage à sa cour, lui plaça la couronne sur la tête, et lui ayant donné pour auxiliaire le général Anatolius (Anadolis) (39), avec des forces considérables, et [lui ayant adjoint] le patriarche Nersès, le renvoya en Arménie. Ces troupes mirent en fuite Mehroujan et les Perses, et, dès ce moment, l'Arménie fut soumise définitivement à la domination de Bab, pendant sept ans.

Le général Anatolius, resté dans notre pays, d'après les ordres de l'empereur, et l'ayant parcourue en grande partie, se décida volontiers à bâtir une ville dans le district de Garin, contrée, au sol excellent, abondamment arrosé et fertile, et qu'il choisit comme un point central, non loin des lieux où sont les sources d'un bras de l'Euphrate (40), et où les eaux s'épanchant lentement, en vastes nappes, ressemblent à des marais. Là se trouvent à profusion des poissons et des oiseaux qui viennent y chercher leur pâture, et dont les œufs suffisent à l'alimentation des habitants. Sur les bords de ces marais, croissent des cannes et des forêts de roseaux. Toute cette plaine est tapissée d'une herbe épaisse; elle est couverte d'arbres fruitiers portant avec eux leur semence. Dans les montagnes, vivent des animaux à la corne du pied fendue, et ruminants; là se multiplient des troupeaux de bœufs de haute taille, énormes, qui se chargent de graisse.

Au pied de l'un des côtés de cette belle montagne jaillissent une multitude de sources d'une eau limpide qui s'échappe en filets. C'est là qu'Anatolius traça le plan de la ville qu'il méditait de construire; il l'entoura d'un profond fossé, et d'un rempart dont il enfonça les fondements bien avant dans la terre, et sur lequel il éleva de hautes tours bien fortifiées. La première reçut de lui le nom de Théodose, en l'honneur de l'empereur, les autres à la suite étaient hérissées d'ouvrages en forme d'éperons de navires, et sans angles rentrants. Faisant face à la montagne, et à la plaine du nord, vers l'est et l'ouest, ces tours étaient de forme ronde. Au milieu de la ville, sur une éminence, il construisit de vastes greniers ; il appela ce lieu Augusteum (Okosdion) en l'honneur d'Auguste [Théodose]. Ayant réuni en une foule d'endroits des cours d'eau, il les conduisit dans la ville par des canaux souterrains. Il l'approvisionna d'armes et y établit une garnison, et la nomma Théodosiopolis, voulant, par le souvenir de cette cité, rendre son nom immortel. Au-dessus de sources chaudes, il éleva une voûte en pierres de taille (41).

Cependant Bab s'abandonnait sans honte aux désordres de ses passions ; repris bien souvent à ce sujet, par saint Nersès, et irrité contre lui, il lui fit boire un breuvage empoisonné, dans le district d'Eguégh'iats, au village de Khakh, et lui donna la mort. Saint Nersès avait tenu le siège patriarcal pendant trente-quatre ans.

A cette nouvelle, le patriarche de Césarée, saint Basile (42), maudit Bab et tous ses partisans. Il fit le serment que désormais, le titulaire du siège de Césarée ne consacrerait plus le catholicos d'Arménie. Ses anathèmes ne tardèrent pas à recevoir leur accomplissement.

Bab donna le partriarcat d'Arménie, sans l'assentiment du métropolite de Césarée, à un certain Schahag, originaire du district d'Abahounik', du village de Manazguerd. Schahag remplit ces fonctions quatre ans (43).

Cependant le brave général Anatolius, s'étant saisi de Bab, le fit conduire, chargé de fers, auprès de l'empereur, qui, sans daigner le voir, ordonna de le précipiter dans la mer. Il le remplaça par un prince arsacide, appelé Varaztad, encore tout jeune, dont le règne fut de quatre ans. Varaztad nomma catholicos Zavên, frère de Sahag, lequel siégea quatre ans (44).

Après Varaztad la couronne passa aux fils de Bab, Arsace et Valarsace qui la conservèrent cinq ans révolus. Dans la sixème année, l'Arménie fut partagée ; Arsace obtint la partie qui dépendait des Grecs, et Valarsace la portion qui relevait des Perses, la contrée d'Ararad.

De leur temps Asbouraguês, frère des deux précédents patriarches et originaire du même village, devint catholicos d'Arménie, et siégea cinq ans (45).

Après Valarsace, Khosrov (46), arsacide, régna sur la partie orientale de l'Arménie, par la volonté de Schabouh, (Sapor), roi de Perse, trois ans.

Il établit catholicos saint Sahag, fils du grand Nersès (47), lequel tint le siège cinquante ans.

Au bout de trois ans, Khosrov fut renversé du trône par suite des calomnies dont il avait été l'objet auprès du roi Schabouh, et remplacé par son frère Vram-Schabouh, (Behram-Sapor), qui régna quinze ans (48).

Nous avons trouvé que la seconde année d'Ardaschir, roi de Perse, coïncide avec la cinquième de Vr'am-Schabouh, roi d'Arménie.

Sous le règne de ce dernier, le bienheureux Maschdots (49), originaire du district de Darôn, du village de Hatségats (50), encouragé par la protection de Vr'am-Schabouh et du grand patriarche Sahag, et aidé par les collaborateurs que celui-ci lui avait donnés (51), appliqua les caractères de Daniel (52) à la transcription de la langue arménienne. Plus tard, dans la sixième année de Vr'am-Schabouh, qui correspond à la première année du roi [de Perse] Vr'am-Guerman (Behram Kerman) (53), il substitua à ces lettres d'autres caractères, révélés par Dieu, et dont on se servit pour transcrire les Livres saints, correctement traduits, ainsi que le racontent Gorioun (54) et Lazare [de Ph'arbe] (55). L'invention de l'écriture arménienne devint le signal de l'introduction de la science parmi nous et une source d'allégresse pour une foule de nations. Car, non-seulement les Arméniens, mais encore les Géorgiens et les Agh'ouans reçurent de la bonté divine le bienfait de l'écriture que leur apporta le bienheureux docteur Mesrob [Maschdots] (56).

Vr'am-Schabouh, après une bonne fin, eut pour successeur son frère Khosrov, qui avait été précédemment privé du trône et qui fut rétabli, par le roi Guerman. Son second règne fut d'un an (57).

Après lui le roi Yazguerd (Yezdedjerd I) confia le pouvoir, non point à un prince arménien, mais à son propre fils, Schabouh. Yazguerd étant mort, Schabouh fut tué par les grands du royaume, et l'Arménie resta longtemps sans souverain. Nos recherches nous ont démontré que cet interrègne dura au juste onze ans.

Joseph et Eznig (58), qui étaient attachés à la personne de Sahag, furent à cette époque, envoyés en Syrie, et de là, chez les Grecs, pour aller étudier les livres des maîtres de la science.

Ensuite les Arméniens eurent pour roi Ardaschès, autrement dit Ardaschir, qui fut appelé au trône par Vr'am, roi de Perse, et qui s'y maintint six ans.

Mesrob, dit Maschdots, prêtre admirable, l'inventeur et le maître de l'écriture et de la littérature arméniennes, florissait alors dans tout son éclat. De son coté, le grand pontife Sahag, qui descendait de saint Grégoire, s'occupait à traduire les saints Livres du grec en arménien, avec le concours d'Eznig, d'après des exemplaires authentiques apportés de Constantinople par Léonce et autres (59). Sahag releva l'église des Saintes-Vierges (60), détruite par le roi Sapor; grâces à ses prières, il obtint de découvrir le lieu ignoré qui récélait les ossements de sainte Hripsimê.

Avant d'être promu au patriarcat, il eût, pendant la nuit,

une vision qui lui révéla la destruction de la monarchie des Arsacides, l'extinction du pontificat dans la famille de saint Grégoire, et sa transmission en des mains étrangères. « Mais, à l'expiration de ce temps, ajoutait saint Sahag, « le trône scra relevé, et le siège patriarcal rétabli par les « descendants des mêmes races, au temps fixé. »

A cette époque les satrapes d'Arménie vinrent, de concert, trouver saint Sahag pour accuser Ardaschir au sujet de ses mœurs dissolues, et lui annoncer qu'il fallait l'exclure du trône, et remettre le pays aux Perses. « Dieu me garde, leur répondit le patriarche, de livrer ma brebis en pâture au loup mécréant, et de changer mon agneau malade contre une bête féroce en parfaite santé, et dont la vigueur sera une cause de grands malheurs. » Les nobles arméniens, mécontents de ce refus, se rendirent auprès de Vr'am, roi de Perse, pour dénoncer leur souverain Ardaschir et saint Sahag, par haine du pontificat. Vr'am, ajouta foi à leurs accusations, et manda aussitôt à sa Porte royale le prince arménien et le patriarche (61).

Ayant fait arrêter et charger de chaînes Ardaschir, il l'envoya dans le Khoujasdan (62). Il ordonna aussi de dépouiller saint Sahag de sa dignité, et, sur la demande des satrapes arméniens, il la conféra a un certain Aptischo (63), syrien jacobite, un malfaiteur, qui ne tint pas même un an, et, après lui, à un certain Schmouêl, de la même nation, pire que l'autre, et qui mourut an bout de deux ans ; puis à Sourmag, un effronté, qui était l'un des dénonciateurs de saint Sahag. Sourmag, originaire du district de Peznounik', du village d'Ardzguê, siégea sept ans. Il compte dans la série des patriarches, mais non Aptischo', ni Schmouêl.

C'est à la vue de ce spectacle, que le grand docteur Moïse [de Khoren], le père des lettrés, élevant sa voix, s'écriait :
— « Je pleure sur toi, ô terre d'Arménie, toi, à qui on a

.« enlevé la souveraineté et le sacerdoce ; je pleure sur toi,
« ô église d'Arménie, qui as été privée de ton prophète et
« de ton conseiller (64). » De même que ce hardi soldat, le
prophète Jérémie, déplorait la ruine de la nation juive et la
désolation du Temple.

Saint Sahag se retira dans le district de Pakrévant, au
village de Plour, où, au bout de peu de temps, il termina sa
carrière, résigné à la volonté de Dieu. Sa petite-fille, la
princesse des Mamigoniens, nommée Tekhdig (65), fit transporter et ensevelir son corps dans le district de Darôn, au
village d'Ardaschad. Il avait été catholicos pendant cinquante ans.

Bientôt après mourut aussi le grand docteur arménien
Mesrob, dans le district de Kagh'ak'ou-Taschd, à Valarsabad (66). Il fut enterré dans le village d'Oschagan.

Ici finit la monarchie arménienne dans la dynastie des Arsacides, après avoir commencé à la douzième année de
Ptolémée Evergète II, roi d'Égypte. Elle cessa dans la
vingt-quatrième année de Théodose, empereur des Grecs,
après avoir duré en tout cinq cent cinquante-neuf ans (67).

CHAPITRE DEUXIÈME.

PRINCES ARMÉNIENS QUI GOUVERNÈRENT APRÈS LES ROIS
ARSACIDES. — PATRIARCHES D'ARMÉNIE QUI SIÉGÈRENT
APRÈS L'EXTINCTION DE LA FAMILLE DE SAINT GRÉGOIRE.

Après la mort d'Ardaschir, les satrapes s'étant réunis, nommèrent pour leurs sbarabed (généralissime) saint Vartan (1), qui était de la famille des Mamigoniens, petit-fils de saint Sahag. La nation vivait tantôt soumise aux Perses, et tantôt en révolte contre eux, ainsi que nous l'apprend l'histoire écrite par le docteur Elisée (2).

Sourmag étant mort, les évêques d'Arménie se rassemblèrent, et, s'étant mis en quête pour lui trouver un successeur, choisirent un prêtre nommé Joseph, ancien disciple du grand Mesrob, et originaire du district de Vaïots-Tzor, du village de Hogh'otsim (3), et, avec l'assentiment de Vartan, ils le placèrent sur le siège patriarcal, qu'il occupa deux ans. Joseph réunit un concile à Schahabi-Van, où furent sanctionné les canons relatifs aux amendes (4).

Cependant saint Vartan, après avoir maintenu les satrapes arméniens en bonne harmonie pendant dix-neuf ans, et avoir combattu contre Yazguerd (Yezdedjerd II) (5), roi de Perse, mourut pour la sainte Église et pour la foi chrétienne, dans la plaine d'Avaraïr, au district d'Ardaz (6).

Deux ans après cet événement, saint Léonce et ses compagnons, avec le patriarche Joseph, furent martyrisés, le 26 du mois de Hrodits, pareil jour du mois de juillet (7), un dimanche. Ayant vérifié les années des règnes auxquelles ces faits se rapportent, nous nous sommes assurés que ce fut dans la quinzième année de Yazguerd, et la troisième de l'empereur Marcien le Maudit (8).

Après la mort de Vartan, l'Arménie resta sans chef pendant dix ans.

Durant cet intervalle, les persécutions et les troubles se multiplièrent, quoique Yazguerd eût suspendu un peu ses projets d'extermination. Rejetant sur l'apostat Vasag les malheurs qui étaient survenus, il ordonna de le dégrader ignominieusement.

Beroz (Firouz), fils de Yazguerd, étant monté sur le trône, rendit la liberté aux satrapes arméniens. La charge de sbarabed d'Arménie fut confiée à Magnus (Maknos), fils de Vartan, qui l'exerça dix ans.

Au seigneur Joseph, succéda dans le patriarcat, le seigneur Kud, originaire du district de Vanant, du village d'Outhmous, lequel siégea dix ans.

Cette époque vit fleurir le grand philosophe Moïse (9), qui entreprit d'enseigner l'art de l'éloquence en Arménie et le saint solitaire Antoine (Andon), appelé aussi Thathoul (10). On dit qu'il avait renoncé au monde pour le Christ, avec son frère aîné Varos, et qu'il se retira dans des lieux de difficile accès, en compagnie des bêtes fauves et des serpents, au lieu qui est appelé aujourd'hui Kazanadzagk' (cavernes des animaux féroces), ou bien Thathlo'-Vank' (couvent de Thathoul) (11).

La vingt-cinquième année de Béroz, les Arméniens se révoltèrent contre les Perses, et leur firent une rude guerre, sous la conduite de Vahan, fils de Hmaïag, frère de

Vartan (12). Ses autres frères étaient Vasag le Brave, Ardaschès et Vart, le patrice, comme nous l'apprend Lazare de Ph'arbe. Celui qui les dirigeait, et par ses conseils et par son appui, était un homme aussi prudent qu'habile, le patriarche Jean Mantagoumi qui avait succédé, comme catholicos, au seigneur Kud, et qui siégea six ans (13).

A cette époque le bienheureux Diar'en-Thak (14), originaire du district d'Arscharounik', du village de Galots (15), souffrit héroïquement le martyre, auquel il fut condamné par Zar' Mihran Hazaravoukhd (16), général des Perses.

Cependant Vagh'arsch (Vologèse), roi de Perse (17), prêtant l'oreille aux bons avis qui lui étaient donnés, fit rentrer les Arméniens sous ses lois par la voie de la douceur, leur témoigna beaucoup d'estime, et fit la paix avec eux. En signe de réconciliation, il leur accorda des diplômes d'amnistie pour le passé, munis de son sceau (18). Il montra sourtout pour Vahan une haute considération, et chargea Antégan (19) de la lui témoigner ; il lui confia le gouvernement de l'Arménie avec le titre de *marzban* (20). Vahan exerça ces fonctions trente ans.

A cette époque Mamprè, frère de Moïse, lequel était réputé le troisième en rang parmi les philosophes (21), retourna en Arménie, ainsi que David, disciple de Moïse et originaire du district de Hark', au village de Hérian (22).

A cette époque, le bienheureux Jean Mantagouni, né dans le district d'Arschamounik', au village de Dzakhnoud, dota l'Arménie d'une foule d'excellentes institutions ; il établit les *k'aroz* (23) de la nuit et du jour, le rituel pour le baptême, pour le diaconat, la prêtrise et l'épiscopat ; celui de la bénédiction des églises, et le missel complet, que l'on prétend être celui de saint Athanase. Il mourut dans la volonté de Dieu.

Il eut pour successeur, comme catholicos, le seigneur

Papkèn, du district de Vanant, du village d'Outhmous, lequel siégea trois ans.

A sa place fut élu le seigneur Samuel, du district de Peznounik', du village d'Ardzguè; il siégea dix ans.

Après lui, on compte :

Le seigneur Mousché de Godaïk', du village d'Aïlapertk', huit ans;

Le seigneur Sahag, du district de Hark', du village de Egh'ékagan, cinq ans;

Le seigneur Christophe (K'risdaph'or), philosophe, du district de Pakrévant, du village de Dirar'idj, six ans (24).

Vahan embellit et restaura les églises; il honorait les ministres des autels, et faisait fleurir notre patrie. Son administration fut signalée par la magnifique reconstruction de l'église cathédrale de l'Arménie (25). Il augmenta le nombre des moines du couvent de Sourenà'-Anabad (le Monastère de Sourèn) (26), et leur donna pour chef Lazare de Ph'arbe, homme disert et historien.

Il arrèta les irruptions des Alans (27).

De son temps, il y eut une éclipse totale de soleil, qui fut suivie d'une terrible famine (28).

Vahan, ayant terminé sa carrière par une bonne mort, laissa le pouvoir à son frère Vart, patrice, qui le conserva quatre ans.

Sous Vahan, eut lieu l'invention des reliques du saint apòtre Thaddée, de sainte Santoukhd, et de saint Grégoire l'Illuminateur (29).

Après Christophe le patriarcat fut donné à saint Léonce, du district d'Ar'perani, du village de P'hok'r (Petit) Aresd, lequel siégea vingt ans.

Après le patrice Vart, frère de Vahan, des marzbans perses gouvernèrent l'Armémie, pendant onze ans.

A cette époque, Esdras, de la maison d'Ankegh', disciple

de l'éloquent Moïse, évêque du district de Pakrévant, multiplia les écoles des belles-lettres.

Le gouvernement de l'Arménie passa ensuite à Mejèj (Mezzizius) (30), de la famille Knouni, qui l'exerça trente ans.

La septième année de Mejèj, le seigneur Nersès, du district de Pakrévant, du village d'Aschdarag, devint catholicos ; il siégea neuf ans.

La quatrième année de son pontificat et la dixième du gouvernement de Mejèj, il rassembla un concile dans la ville de Tevin. A la tête de cette assemblée, étaient l'évêque Pierre, littérateur du pays de Siounik', et Ner-Schabouh de Darôn. Là, ils établirent l'ère arménienne, dans la quatorzième année de l'empereur Justinien, qui bâtit Sainte-Sophie, et la vingt-quatrième de Khosrov, fils de Gavad (Kabadès), roi de Perse (31).

Cette même année, saint Yézid-Pouzid souffrit la mort pour le Christ (32).

Cette même année, les Arméniens se séparèrent de la communion des Grecs. C'était en 304 de l'ère des Grecs, et à partir de la septième année de l'empereur Philippe. Tout le temps écoulé, depuis la naissance du Sauveur jusqu'au concile de Tevin et à l'établissement de l'ère arménienne, est de 553 ans ; depuis la prédication de saint Grégoire, qui est le commencement de la conversion de l'Arménie au culte du vrai Dieu, il y a 252 ans (33).

Après le seigneur Nersès, l'Arménie eut pour catholicos le seigneur Jean ('Ovhannès), du district de Kapégh'ian, du village de Sioun-Tzegh'oun (34). Il appartenait au monastère de Thathlo'-vank'. Il siégea quinze ans.

Il eut pour successeur Moïse, du district d'Arakadzoden, du village d'Egh'ivart (35), qui siégea trente ans. Ce fut Moïse qui consacra catholicos de Géorgie, Cyrion (Gurion), archiprêtre de la sainte cathédrale (36). Sur les derniers temps de la vie de Moïse, Cyrion (37), renonçant à la foi orthodoxe, reconnut le concile de Chalcédoine. Nombre de fois, Moïse lui avait reproché, avec une autorité divine, son erreur, mais sans le ramener, lorsqu'il mourut.

Dans la série des chefs politiques de l'Arménie, il y eut, après Mejêj Knouni, des marzbans perses, qui vinrent administrer notre pays; d'abord Ten-Schabouh (38) qui propagea partout la fornication (39), et alluma le feu d'Ormizt dans le Reschdounik', contraignant les chrétiens à adorer le feu. Mais un grand nombre préférèrent la mort.

A celui-ci succéda un certain Varaztad, perse, de la même famille (40).

A cette époque, la mort avec un cortège de maux, sévit sur les populations. Ce fléau fut suivi de l'apparition d'un phénomène terrible, étincelant, de couleur de sang, qui se montra dans le ciel, et qui allait répandant un vif éclat, pendant toute la nuit, dans la direction du nord-ouest à l'ouest, sous forme d'une colonne. Ce phénomène dura huit mois (41).

Ensuite Khosrov, roi de Perse, donna à un de ses parents, de la famille Sourên, nommé Djihr-Veschnasb (42), le gouvernement de l'Arménie. Ce chef, étant venu prendre possession de notre pays, se mit à tourmenter violemment les satrapes arméniens. Il s'appropriait les femmes des nobles, sans qu'aucun fût assuré de pouvoir conserver la sienne. Le ptiaschkh Vartan, fils de Vasag, de la famille des Mamigoniens, irrité d'une pareille conduite, épia l'occasion et tua Sourên à coups d'épée. C'était en la quarante et unième année du règne de Khosrov, laquelle correspond à la septième de Justinien, le 22 du mois d'arek, un samedi du mois de février (43). Les chefs arméniens, se soulevant tous de concert contre les Perses, recoururent aux Grecs, et, soutenus par eux, résistèrent vigoureusement.

Cependant Vartan, ayant pris avec lui sa famille et les nobles de sa maison, se sauva chez les Grecs, dans la ville royale de Constantinople, où il se présenta à l'empereur Justinien, le même qui bâtit Sainte-Sophie, et il entra en communion avec lui. Justinien, à cette occasion donna à la porte principale de Sainte-Sophie, le nom de Porte des Arméniens, qu'elle a conservé jusqu'ici (44).

Cette époque fut un temps de guerres, de discordes, de massacres sans nombre; l'esclavage, le pillage, les fers pour les captifs, les tribulations, le manque de tout, la famine cruelle, la mort par le glaive, la peste, le sac des villages, l'incendie des édifices, enfin tous les fléaux réunis; tel fut le partage d'une foule de contrées, et ces calamités. vinrent de deux côtés à la fois en punition de l'oubli des préceptes de Dieu.

Après Moïse, le patriarcat d'Arménie fut donné à Abraham, originaire du district de Rouschdounik', du village d'Agh'pathanits (45). Il fut élevé à cette dignité par la volonté de Sempad, Bagratide, qui avait été créé marzban d'Arménie par Khosrov.

Sempad, étant allé faire la guerre dans la contrée de Vergan (Hyrcanie), y trouva une population d'Arméniens qui avaient été emmenés en captivité, et qui habitaient le désert du Thourkasdan, appelé Sakasdan (Sedjestan)(46). Ils avaient oublié leur langue nationale et l'écriture arménienne. Sempad fut enchanté de les revoir; il leur donna un prêtre nommé Abel (Hapegh'). Ces peuples, instruits par Abel dans les lettres arméniennes, ont été rattachés depuis lors au siège de saint Grégoire (47).

Le patriarche Abraham, employa les plus grands efforts et tous ses soins pour ramener les Géorgiens à l'orthodoxie, mais inutilement. Alors, tirant le glaive spirituel, il prononça contre eux l'anathème, de concert avec toute la nation arménienne.

L'empereur Maurice établit catholicos, dans l'Arménie grecque, un nommé Jean ('Ovhan), tandis qu'Abraham, de son côté, résidait à Tevin.

Un certain Aschod, envoyé par Khosrov (48), roi de Perse, vint battre les Grecs, et s'emparer de Guethr'idj (49), ville du Haschdiank', ainsi que de Garin. Il fit prisonnier le catholicos Jean, et enleva de son église tous les objets du culte. Il l'emmena dans la ville royale de Hamadan. Jean occupa le siège six ans.

Abraham, était dans la vingt-troisième année de son pontificat, lorsqu'il mourut.

Après le meurtre de Sourèn, le roi de Perse n'envoya plus en Arménie de marzban perse ; à la demande des satrapes arméniens, il conféra ces fonctions à David Sahar'ouni, qui les exerça trente ans. David avait été nommé par Ormizt, fils de Khosrov, roi de Perse (50).

La douzième année du gouvernement de David, se révéla Mahomet (Mahmèd), fils d'Abd-Allah (Aptela), en 68 de l'ère arménienne. Le commencement de la domination des Ismaélites date de l'an 72 de notre ère (51).

Après le seigneur Abraham, le catholicos d'Arménie fut le seigneur Gomidas, originaire du district d'Arakadzoden, du village d'Agh'ts (52) ; il siégea huit ans. Il rebâtit, sur un modèle élégant le tombeau de sainte Hripsimé, dont la construction ancienne, œuvre de saint Sahag, avait était démolie.

Dans ce temps, brillait par sa science théologique Jean ('Ovhan) Maïrakometsi, auquel Gomidas avait confié l'administration du patriarcat. Il composa trois ouvrages auxquels il ne mit pas son nom, parce que la majorité de la nation ne les avait pas approuvés. Le premier avait pour titre *le guide des mœurs*, le second, *le fondement de la foi* et le troisième *Noïémag* (53).

Après Gomidas les catholicos furent :

Le seigneur Christophe (K'risdaph'or), noble de la race d'Abraham (54), originaire du district d'Abahounik'; six ans. Il fut renversé de son siège, parce qu'il fomentait la discorde parmi les chefs arméniens. Plus tard, on assigna à sa révocation quelque autre motif.

Le seigneur Esdras (Ezer), originaire du district de Nik, du village de Ph'arajnaguerd, lequel siégea dix ans (55).

Lors de son entrevue avec Héraclius, dans la ville de Garin, Esdras n'avait point emmené avec lui Jean, sacristain [de l'église] de Saint-Grégoire, le plus habile docteur de son temps dans la science de l'Écriture; il s'était adjoint seulement un demi-savant. Dans la conférence qui eut lieu, Héraclius ayant demandé au patriarche de souscrire une profession de foi, ces gens-là, qui étaient des théologiens ignorants, se laissèrent tromper par les raisons fallacieuses des Grecs, et maudirent les hérétiques, sans y comprendre ceux du concile de Chalcédoine. Ils communièrent avec les Grecs, et, en récompense, ils furent renvoyés comblés d'honneurs ; le patriarche obtint la cession de Gogh'p pour prix de sa foi trahie. A son retour, le clergé alla au-devant de lui, à l'exception de Jean. Esdras, fâché, lui ayant fait témoigner son mécontentement : « Dieu « me garde, répondit Jean, d'être en communion avec celui « qui a détruit le mur de la foi. » Puis le patriarche l'ayant fait comparaître de force dans son cabinet : « homme déso- « béissant et orgueilleux, lui dit-il, pourquoi ne viens-tu pas « nous faire visite? » — « L'orgueil n'est pas en moi, ré- « pondit Jean, mais je veux devenir le champion de la vérité. « Toi, c'est avec raison que tu as été nommé Ezer, car tu « as poussé l'Arménie jusqu'aux limites [de la foi], et tu « l'en as exclue (56). Tu as détruit les bornes posées par

« les saints Pères; tu as rompu le mur apostolique miné par
« la lettre nestorienne de Léon (57). » Cela dit, il le quitta
avec mépris, et se retira à Maïro'-vank (couvent de la
forêt). Esdras l'en ayant chassé, donna à ce lieu le nom de
Maïro'-Kom (étable de la forêt), et à Jean, celui de Maïro'-
Kometsi (habitant de Maïro'-Kom). Jean étant passé dans
le Kartman, y termina sa vie d'une manière apostolique. On
a fait courir le bruit qu'il avait introduit une hérésie dans
l'Église; ce n'est pas lui, mais un certain Sarkis (58), qui
était un de ses disciples, et que Jean avait chassé de sa
présence.

Après David Sahar'ouni les Arméniens eurent pour chef
pendant vingt-cinq ans Théodore R'eschdouni (59).

A Esdras succéda, sur le siège patriarcal, Nersès, évêque
de Daïk'. Il construisit la chapelle de Saint-Grégoire, au-
dessus du souterrain d'Ardaschad, ainsi que l'église con-
sacrée aussi à saint Grégoire, sur la roche escarpée de
Valarsabad et il l'embellit d'ornements variés.

A cette époque le khalife (amirabed) des Arabes (Dadjigs),
sortit du desert de Sin (60) avec des forces considérables, et,
ayant pénétré par mer dans les contrées du sud-est, dans le
Sind, la Perse, le Sakasdan (Sedjestan), le Guerman (Kerman) et dans l'Inde (61), saccagea et désola tous ces pays,
renversant tous les empires, sauf celui des Romains.

A la vue de ces progrès des Arabes, Théodore, seigneur
de R'eschdounik', général de l'armée arménienne, et les
autres chefs qui marchaient avec lui, renoncèrent à l'amitié
des Grecs, et se soumirent aux Arabes. L'empereur Constantin, petit-fils d'Héraclius, furieux de cette défection,
s'avança contre les Arméniens, menaçant hautement de les
exterminer. Alors le patriarche Nersès, accourant au-devant
de lui, apaisa son ressentiment. Le catholicos étant arrivé en
compagnie de l'empereur, à Tevin, celui-ci ordonna aux

prêtres romains de célébrer la messe dans les églises de cette ville, et tous les deux communièrent ensemble, au grand scandale d'une foule de personnes ; car, suivant la coutume [des Grecs] l'empereur observa pendant huit jours la même pratique, et à l'heure du repas, les nobles arméniens étaient vilipendés en sa présence.

Il s'en retourna à Constantinople, laissant quelques-uns de ses généraux comme gouverneurs de l'Arménie. Cependant le dragon rebelle, l'esprit du mal, la bête féroce ennemie de Dieu, n'abandonna pas ses trames d'iniquité et de malice. Son œil, qui ne se ferme jamais, ne perdait pas de vue le projet de susciter des persécutions contre l'Église de Dieu, dans l'Arménie ; car, sous le règne de ce même Constantin, fils de Constant, et petit-fils d'Héraclius, cet esprit infernal mit à exécution sa pensée innée de maléfice et de méchanceté, dans le but de troubler la pureté de la foi de notre clergé. Il prit pour ses ministres les troupes grecques cantonnées dans notre pays. Comme les Arméniens ne voulaient jamais admettre un Romain à la communion du corps et du sang de Notre-Seigneur, ils les accusèrent auprès de l'empereur Constantin et du patriarche de Constantinople. « Nous « sommes considérés ici, disaient-ils, comme des impies, « car ils regardent comme indignes du Christ, notre Dieu, « le concile de Chalcédoine et la lettre de Léon (62), et les « anathématisent, ainsi que tous ceux qui en suivent les doc- « trines. » Alors l'empereur, de concert avec le patriarche, ordonna d'adresser un rescrit en Arménie au saint catholicos Nersès, à tous les évêques, au grand Théodore, seigneur de R'eschounik', qui avait le gouvernement de notre pays et le commandement suprême des troupes, ainsi qu'à tous les chefs arméniens, pour leur prescrire de s'unir de croyance avec les Romains, de ne point rejeter le concile de Chalcédoine et la lettre de Léon. « Si quelqu'un des chefs [disait

« ce rescrit] s'oppose à cet ordre, il sera privé de ses hon-
« neurs et de tout pouvoir, et ses biens seront confisqués; de
« plus il sera conduit à la Porte impériale où il aura à rendre
« compte de sa conduite. »

Il y avait alors un homme, originaire du district de Pakrévant, du village de Pakouan, qui avait étudié la philo-
sophie, et qui se nommait David. [L'empereur] commanda
de l'envoyer en Arménie pour aller mettre un terme à ces
dissensions, et rétablir l'union.

Nos évêques et nos chefs se rassemblèrent à Tevin, auprès du catholicos, le véridique Nersès, l'ami du Christ, et
auprès du pieux prince et général d'Arménie Théodore
Sahar'ouni, patrice, seigneur de R'eschdounik'. Ils prirent
communication du rescrit impérial et entendirent les raison-
nements du philosophe, qui enseignait la distinction des
deux natures en Jésus-Christ, d'après le concile de Chalcédoine.

Après avoir écouté ces explications, les Arméniens refusèrent de changer la doctrine vraie de saint Grégoire,
contre celle de la lettre de Léon. Tous furent d'accord qu'il
fallait opposer une réponse à ces arguments, et montrer la
solidité du fondement de la croyance correcte qu'ils professaient, et qu'ils tenaient des anciens docteurs de la nation.
Ils s'écrièrent d'une voix unanime : — « Plutôt mourir que
de changer la foi de saint Grégoire contre la foi de Chalcédoine
et celle de la lettre de Léon. C'est cette croyance qui, pour
nous tous, est la véritable espérance. Ceux qui veulent
par le regard s'assurer du droit chemin, dont parle l'Apôtre,
nous les supplions avant tout d'adresser à Dieu des prières,
des vœux et des actions de grâce en faveur de tous les
hommes et principalement des souverains et des princes,
afin que nous puissions mener une vie calme et paisible
dans la piété et la sainteté. Quoique notre indignité soit

grande, néanmoins nous employons toutes notre diligence à accomplir ce qui nous est prescrit, c'est-à-dire à prier pour tous, mais surtout pour ta glorieuse Majesté, qui est agréable à Dieu, pour tous les chefs et l'armée, et pour ton palais, qui est sous la protection divine et où règne l'amour de Dieu. Les grâces des dons divins éclatent en vous aux yeux de tous. Car ton trône est élevé et placé au-dessus de tous les trônes, et ce n'est pas par la main de l'homme, mais par la droite de Dieu, qu'a été posée ta couronne, qui ne le cède qu'à celle du Christ roi, et à celle du Pontife suprême, saint, légitime et comblé des grâces divines.

« Les satrapes et les troupes, amis du Christ, la masse des populations, le peuple de Jésus-Christ notre Dieu, et nous, qui sommes illuminés des rayons de la gloire de ta pieuse Majesté, nous avons conservé avec une constance inébranlable notre foi, sous le joug des rois de Perse, ces tyrans inexorables, cruels et impies qui, après avoir détruit la monarchie arménienne, exterminèrent tous nos satrapes et notre armée, passèrent au fil de l'épée les hommes et les femmes, et traînèrent en captivité les populations des villes et des campagnes. Ceux qui échappèrent à ces rigueurs virent plus d'une fois briller sur leur tête le glaive levé pour les contraindre à embrasser l'erreur. Mais rien ne put les détourner, et les infidèles eux-mêmes eurent honte de leurs impuissants efforts; car le signe de la foi chrétienne est plus fort que tous les empires des païens. Enfin Gavad (Kabadès) et, après lui, son fils Khosrov (63), ces rois impies, proclamèrent un édit laissant à chacun la liberté de suivre sa croyance particulière et interdisant désormais d'inquiéter les Arméniens. « Tous « sont nos serviteurs [disaient-ils], et ils font pour nous un « service corporel; quant aux âmes, celui qui les juge, sait « ce qu'elles sont. »

Plus tard, sous le règne de Khosrov, fils d'Ormizt (64), après la prise de Jérusalem, le roi ordonna de réunir à la Porte royale, tous les évêques des contrées de l'Orient et de l'Assyrie. « J'ai appris, leur dit-il, que les chrétiens sont « divisés en deux partis qui se maudissent et s'accusent « d'erreur mutuellement. Je veux que tous, d'un commun « accord, se rassemblent en un même lieu. » Alors accoururent les évêques, les prêtres et tous les fidèles de ces pays, et il leur donna pour préfets Sempad le Bagratide, surnommé Khosrov-Schnoum (65), et le médecin en chef de la cour. Il y avait là parmi les captifs, Zakarie, patriarche de Jérusalem (66), et un grand nombre d'autres savants qui avaient été amenés prisonniers d'Alexandrie. Le roi Khosrov leur prescrivit de se prononcer avec impartialité et de lui faire connaître la doctrine orthodoxe et vraie. Tous s'étant rassemblés dans la salle royale, la controverse s'ouvrit au milieu des clameurs ; car les uns, qui professaient la foi orthodoxe et avaient un écrit pourvu du sceau des anciens souverains, étaient d'accord avec la croyance arménienne ; les autres étaient Nestoriens, ceux-ci Sévériens (67), et un grand nombre d'une secte formée de doctrines confuses. Le patriarche (68), avec ses compatriotes, était venu pour faire entendre leurs accusations accoutumées : « Que cet homme, « dirent-ils, ne soit pas admis ici. » On rapporta ce propos au roi, qui dit : « Par quel ordre celui-là est-il venu dans « cette réunion ? Que l'on lui donne la bastonnade et qu'il « s'en retourne chez lui. » Il en fut de même pour la tourbe des autres sectaires. Le roi voulut que l'on discutât seulement les doctrines de Nicée, de Constantinople, d'Éphèse et de Chalcédoine.

« Là se trouvaient deux évêques arméniens, hommes sûrs, qui avaient été députés pour porter au roi les doléances de leur patrie tyrannisée. L'un était Gomidas, évêque des Mamigoniens, l'autre Matthieu, évêque des Amadounis, qui avaient apporté avec eux fort à propos l'Histoire de saint Grégoire et autres livres dogmatiques (69).

Le roi ordonna de demander sous quels souverains avaient été tenus ces conciles. On lui répondit : « Celui « de Nicée a eu lieu sous Constantin ; celui de Constan- « tinople, sous Théodose le Grand; celui d'Éphèse, sous « Théodose le Jeune, et celui de Chalcédoine, sous Marcien. » « — Eh bien, reprit-il, les décisions de trois souverains me « paraissent plus vraies que celles d'un seul. Puis, ayant vu dans des livres ce qu'était Nestorius, son origine, le con- cile où il fut comdamné, ce qu'il allégua et comment il fut traité, il fit expulser les nestoriens de l'assemblée. Il s'enquit, pareillement au sujet du concile de Chalcédoine, quels en avaient été les membres principaux, et dans quel but il fut tenu, et on lui donna ces renseignements. On lui dit qu'à Nicée et à Constantinople, les empereurs Constantin et Théodose le Grand étaient eux-mêmes présents ; que le concile d'Ephèse avait été présidé par Cyrille, patriarche d'Alexandrie; qu'à celui de Chalcédoine assistaient, un certain Théodoret, évêque, qui tenait le langage d'un nestorien ; le catholicos Anna (70) et autres évêques et prêtres en grand nombre de son diocèse, ainsi que de l'Arouasdan (71), du Khoujasdan (Khouzistan) et autres contrées. C'est pourquoi le roi Khosrov donna l'ordre de démolir toutes leurs églises. Si le concile de Chalcédoine était recevable, dit-il, pourquoi n'a-t-il pas envoyé de lettres? Et comme ceci me paraît exact, ce concile est en-dehors des trois precédents. Alors il les me- naça tous de les faire périr par le glaive, s'ils n'abjuraient leurs erreurs, et s'ils se présentaient dans son palais.

Quant aux Chalcédoniens (72), le catholicos d'Ibérie et des Ag'houans, qui était à Ph'aïdagaran, à la Porte royale, et autres évêques et prêtres des villes de l'Arménie grecque, et les chefs venus pour s'acquitter de leur service auprès du roi des Perses, il leur fit fournir des provisions (73). Après quoi, il demanda aux chefs des deux partis une exposition par écrit des doctrines du concile de Nicée, tenu sous Constantin; de Constantinople, sous Théodose le Grand; d'Éphèse, sous Théodose le Jeune; de Chalcédoine, sous Marcien; et, ayant tout passé en revue, il dit : « Pourquoi ceux-« ci n'ont-ils pas proclamé deux natures distinctes, comme « ceux-là. Il est ainsi évident qu'il faut nous-mêmes nous « partager en deux, et soutenir qu'il y a deux royautés et « non pas une seule. En examinant la nature de l'homme, « il s'ensuit que je suis composé de deux natures, soit par « mon père et ma mère, soit comme corps et âme. Mais « la divinité qui est présente en tous lieux, si elle ne peut « faire que tout ce qu'elle veut se réalise, ou le produire, « qu'est-elle donc elle-même ? » Ensuite il ordonna de consulter Zakarie, patriarche de Jérusalem, et d'autres en grand nombre qu'il avait amenés d'Alexandrie; en leur enjoignant de déclarer, franchement et sous la foi du serment, la vérité. Ils répondirent : « Si nous n'avions pas marché dans une « fausse voie devant Dieu, il ne nous aurait point égarés « dans sa colère. Maintenant, frappés de la crainte du Sei-« gneur, nous confesserons la vérité en ta présence. La foi « orthodoxe est celle qui fut proclamée à Nicée, sous le « règne du bienheureux Constantin. A cette foi est conforme « celle de Constantinople et d'Éphèse, et la croyance des « Arméniens est en réalité semblable à ces trois symboles. « Celle qui est attribuée au concile de Chalcédoine s'en écarte, « comme votre Clémence l'a appris. »

Alors le roi prescrivit de fouiller dans le trésor royal, et l'on y trouva des cahiers, qui traitaient de la foi orthodoxe, d'accord avec la foi des Armémiens, et qui étaient marqués du sceau du roi Gavad et de son fils Khosrov. Sur quoi le roi Khosrov décréta que tous les

chrétiens de son empire suivraient la croyance arménienne,
et ceux aussi qui étaient déjà unis aux Arméniens dans l'Assyrie, à savoir Gamgaièschov (74), le métropolite, et les dix
autres évèques, la pieuse reine Schirén, le brave Sempad et le
médecin en chef, qui étaient en communion avec les Arméniens. Il voulut que son sceau fût apposé à l'écrit où était
consignée la profession de foi orthodoxe et que cet écrit fût
déposé dans son trésor royal.

Dieu nous ayant délivré des puissances des ténèbres, et
nous ayant rendus dignes d'être les serviteurs de Ta Majesté, appelée à habiter le ciel, avec combien plus de ferveur
devons-nous prier et implorer le Christ notre Dieu, pour
que ton trône, appuyé sur ta foi et ta piété, reste stable et
inébranlable à jamais, comme le règne du ciel sur la terre. »

Après le départ de l'empereur, Nersès, redoutant le
ressentiment des satrapes, s'enfuit dans le Daïk', sa patrie.
Au bout de six ans, à la mort du général Théodore, il retourna en Arménie.

Dans ce temps et sous le gouvernement de Théodore
R'eschdouni, en 86 de l'ère arménienne (75), eut lieu la première invasion des Arabes (Dadjigs), en Arménie, par l'ordre
d'Omar, émir-al-mouménin, le second après Mahomet (76).

En l'année 95 (77), les Arabes firent une seconde irruption avec des forces considérables et prirent la villè de
Tevin, où ils firent 35,000 prisonniers. Ensuite ils étendirent
leur domination sur l'Arménie, la Géorgie et le pays des
Ag'houans.

Cependant les Arméniens, ayant secoué leur joug, se soumirent à l'empereur, qui, sur la demande de Nersès, leur
donna pour chef Hamazasb, en l'année 104 (78). A cette nouvelle, l'amirabed (khalife), furieux, fit mettre à mort les
otages arméniens au nombre de 777. Lui-même mourut
aussitôt après, massacré par ses propres troupes (79).

L'armée ismaélite (arabe), qui était en Égypte, s'étant ralliée à l'empereur, se convertit à la religion du Christ et reçut le baptême, au nombre de 16,000 hommes.

Hamazasb étant mort, Nersès et les satrapes demandèrent à l'amirabed, pour gouverner l'Arménie, Grégoire Mamigonien, frère de Hamazasb, lequel était retenu en otage auprès du khalife. Grégoire construisit l'église cathédrale d'A-roudj (80).

Nersès, après avoir siégé dix ans, eut pour successeur, en l'année 120 (81), Anastase, son chambellan, originaire du district de Masiats-oden, du village d'Agor'i, qu'il dota d'une belle église. Sous son pontificat, saint David crut en Jésus-Christ (82).

Anastase ayant songé à donner aux Arméniens un calendrier fixe, comme celui des autres peuples, prescrivit à Ananie de Schirag (83), d'établir un cycle sur le quel il régla un calendrier fixe. Anastase avait conçu le projet de réunir un concile d'évêques, pour sanctionner cette réforme, lorsqu'il mourut, après avoir siégé six ans.

De son temps, florissait Philon Diragatsi, qui traduisit en arménien l'Histoire [ecclésiastique] de Socrate (84).

Après Anastase, le patriarcat fut dévolu au seigneur Israël, du district de Vanant, du village d'Outhmous, qui siégea dix ans.

Il fut remplacé par le seigneur Sahag, du district de Tzoro'-Ph'or, du village d'Ark'ounaschên, qui occupa le siège vingt-cinq ans.

La cinquième année de son pontificat fut marquée par la mort du prince Grégoire, qui succomba dans un combat contre les Khazirs, en l'année 130 (85).

En l'année 135 (86), Aschod le Bagratide devint prince d'Arménie ; et exerça ces fonctions pendant trois ans.

A cette époque, notre pays d'Arménie fut en proie aux

troubles et à la dévastation ; car, en 134 (87), les peuples du Nord, c'est-à-dire les Khazirs, assujettirent à leur joug l'Arménie, la Géorgie et l'Agh'ouanie. Dans cette guerre, périrent le prince d'Arménie et celui de Géorgie.

Dans la troisième année de son règne, Justinien envoya en Arménie une armée formidable qui, par l'incendie et le pillage, dévasta vingt-cinq districts, et prit huit mille familles, auxquelles on fit racheter leur liberté.

L'année suivante, il fit partir une autre armée de 40,000 hommes.

L'Arménie était alors livrée aux plus grandes agitations, car les Arabes y pénétrant par le sud-est, dévastèrent nombre de districts. Aschod, prince d'Arménie, s'étant avancé contre eux, fut tué en combattant. Quelques chefs arméniens se soumirent volontairement aux envahisseurs.

Au commencement de la quatrième année de Justinien, ce prince arriva avec des forces considérables en Arménie, auprès de la montagne appelée Arardag. Là, ayant divisé ses troupes en trois corps, il les fit marcher contre les Arméniens, les Géorgiens et les Agh'ouans. Ayant mandé tous les chefs de ces contrées, ceux-ci se rendirent à son appel, non point de leur gré, mais par force. Il en retint plusieurs et exigea que les autres lui donnassent leurs fils en otages.

Le catholicos Sahag, et cinq évêques restèrent prisonniers auprès de lui. Quelques-uns des chefs, gratifiés de présents tirés de son trésor, furent chargés de gouverner ces contrées : Nerseh, seigneur de Schirag, comte de Gaboudr'ou, fut fait prince d'Arménie, Varaztad, patrice et exarque, c'est-à-dire vice-roi, devint prince des Ag'houans. Après avoir laissé à ces chefs un corps de 30,000 hommes, l'empereur retourna à Constantinople.

Nerseh Gamsaragan exerça les fonctions de prince d'Arménie pendant quatre ans.

De son temps brillait, par sa science philosophique, Grégoras (Krikoris), chorévêque d'Arscharounik', qui composa un commentaire sur les Leçons (89), à la demande de Nerseh Gamsaragan.

Nerseh eut pour successeur, en l'année 140, Sempad, le Bagratide, fils de Piourad, qui gouverna l'Arménie vingt ans (90).

Un osdigan, appelé Abdallah (Aptela), étant arrivé chez nous, se saisit des chefs arméniens et les envoya à Damas. Ce fut lui qui fit périr martyr saint David, dans la ville de Tevin.

A cette même époque, eut lieu un combat à Vartanaguerd, dans lequel l'armée ismaélite fut entièrement détruite. Okba (Ogpa), général des Arabes, repoussé par les Gamsaragans, courut porter cette fatale nouvelle à l'amirabed (khalife). Celui-ci, irrité, expédia des forces considérables en Arménie avec l'ordre d'incendier, de démolir et de raser les églises.

Le catholicos d'Arménie Sahag, qui avait été fait prisonnier par Abdallah, était retenu comme otage à Damas. Ayant appris les projets menaçants d'Okba, il demanda la permission d'aller le trouver, afin d'essayer de l'en détourner. Cette permission lui ayant été accordée, il vint à Khar'an, où il tomba malade. Les dernières lignes qu'il traça furent pour Okba, afin de lui rappeler le souvenir de la mort qui frappe tous les hommes et des peines de l'enfer; il lui représentait en même temps comment lui, Sahag, finissait ses jours sur la terre étrangère. Il recommanda que l'on plaçât cette lettre dans sa main droite, afin qu'Okba, en arrivant, pût la prendre. Celui-ci ayant su que le saint patriarche était mort, ordonna de conserver son corps jusqu'à son arrivée.

Dès qu'il fut en présence de l'homme de Dieu, il le salua de la main en disant : *salam alêk* (91). Par la vertu de l'Esprit-Saint, le mort répondit à ce salut en tendant la main vers le général arabe en signe de supplication. Effrayé de ce prodige, Okba prit la lettre, et, après l'avoir lue : « Ta prière, « dit-il, est déjà exaucée, ô homme de Dieu. » Il fit transporter en Arménie les restes mortels du patriarche, et expédia un ordre écrit pour que les Arméniens fussent traités avec bienveillance et que leurs torts leur fussent pardonnés.

Le Seigneur Sahag eut pour successeur, en l'année 158 (92), Elie (Eg'hia), originaire du village d'Ardjêsch, [du district] d'Aghiovid, et évêque de Peznounik'. Il siégea treize ans.

Elie, par l'ordre d'Abdalmélik (Aptelmeliк') réunit un concile à Bardav, et fit conduire Pagour, catholicos des Agh'ouans à l'amirabed, parce qu'il s'efforçait de faire adopter aux Agh'ouans la doctrine de Chalcédoine.

A Elie, succéda le seigneur Jean, le philosophe, du district de Daschir, du village d'Otzoun, lequel siégea onze ans. Il tint dans la ville de Manazguerd, sur l'extrême frontière de Hark', un concile où se rassemblèrent tous les évêques d'Arménie, parmi lesquels était Grégoras (Krikoris), le philosophe, chorévêque d'Arscharounik', et six évêques syriens, de la communion jacobite, venus par ordre de leur patriarche au temps du gouvernement de Sempad. Ce concile avait pour objet de purger notre pays de l'erreur des Chalcédoniens, qui admettent les deux natures [en Jésus-Christ] et de l'usage d'employer dans le saint sacrifice le pain fermenté et l'eau, et, pendant le jeûne du carême et autres jours d'abstinence, de manger du poisson, et de se servir d'huile et de boire du vin ; usages qui, depuis le temps d'Esdras (Ezer) jusqu'à cette époque, étaient restés en vigueur dans l'Arménie grecque. Après avoir rejeté toutes ces pratiques, comme un vieux levain, le concile établit en règle de foi le dogme d'une seule nature du Verbe divin incarné, la célébration du saint-sacrifice sans pain fermenté et sans eau, et l'observance rigoureuse et complète du jeûne. Toutefois cette dernière prescription fut mitigée en faveur des malades et des princes qui vivent dans le monde, pour le samedi et le dimanche; mais elle était de rigueur pour les ministres des autels et pour ceux qui étaient voués à la vie monastique.

Jean avait un extérieur charmant, tout en étant doué de toutes les vertus. Il portait un cilice en poil de chèvre, qu'il recouvrait de vêtements somptueux aux couleurs éclatantes. Sur sa barbe blanche, il insufflait de la poudre d'or et la parfumait avec de l'huile odoriférante. L'osdigan Walid (Velith), ayant eu occasion de le voir, et étant retourné à Bagdad, dépeignit au khalife la belle mine de Jean. Désireux de le voir, le khalife lui demanda de revêtir son magnifique costume habituel, et de se montrer ainsi paré à lui.

Jean rendit son extérieur encore plus brillant et plus imposant que d'habitude; il frisa sa belle barbe grisonnante en boucles d'or, et, prenant en main sa crosse doctorale dorée, il se présenta à la cour. A cette vue le khalife étonné, le fit asseoir avec de grands honneurs, et lui dit : « Pourquoi es-tu ainsi paré, tandis que ton Christ et ses « disciples ont prescrit l'humilité et l'abjection? » — « Notre « Christ, répondit Jean, voilait sa divinité glorieuse sous les « apparences de l'humanité, tandis que ses miracles éclatants « mettaient en évidence sa majesté; ses disciples, en opérant « les mêmes prodiges, se rendirent imposants aux yeux de « ceux qui en étaient les témoins; mais, comme cette faculté « d'opérer tant de choses extraordinaires n'existe pour nous « que très affaiblie, nous nous servons d'une pompe exté- « rieure pour exciter les gens simples à la crainte de Dieu;

« de même que vous autres souverains, pour rehausser votre
« majesté aux yeux des hommes, vous leur apparaissez sous
« des vêtements de pourpre brochés d'or. Mais si tu veux
« examiner mon costume pièce à pièce, le voici. » Et s'étant
déshabillé, il lui fit voir un cilice des plus grossiers. Le
khalife, saisi d'admiration, redoubla de considération et
d'égards pour lui, et le renvoya en Arménie, comblé d'honneurs et de présents.

Après Sempad, le gouvernement de l'Arménie passa entre
les mains d'Aschod le Bagratide, fils de Vassag, lequel le
conserva quinze ans. (93) Il fut privé de la vue par les
Mamigoniens, jaloux de son autorité, sous le règne de Merwan, émir-almouménin. Sempad eut pour successeur son
fils, pendant vingt-deux ans (94).

Dans la série des patriarches, après Jean viennent :

Le seigneur David, du district de Godaïk', du village
d'Aramounik', 13 ans.

En l'année 190, le seigneur Tiridate (Dertad), du district
de Vanant, du village d'Outhmous ; 23 ans.

Le seigneur Tiridate II, de Tasnavank' ; 3 ans.

Puis le seigneur Sion, du village de Pavônk ; 8 ans.

De son temps eut lieu le massacre de Thalin, où 700
personnes furent tuées et 1,200 traînées en captivité.

Après le seigneur Sion, on choisit en 221 (95) le seigneur
Esaïe, du district de Nik, du village d'Egh'ibadrouch, lequel
siégea 13 ans.

Il était le fils unique d'une veuve, qui, réduite à la mendicité, se tenait, avec son enfant encore à la mamelle, auprès
du palais patriarcal ; restant dehors, exposée au chaud et au
froid, elle ne quittait pas la porte de l'église. Les prêtres
lui ayant demandé pourquoi elle s'exposait ainsi aux intempéries des saisons : « Vous ne savez donc pas, leur répondit-
elle, que je nourris mon enfant ici pour qu'il soit un jour

catholicos. Et, en effet, ce jeune enfant, élevé dans cette même église, devint d'abord évêque de Kogh'then et plus tard patriarche d'Arménie.

Esaïe eut pour successeur le seigneur Etienne (Sdeph'annos), dans la ville de Tevin; il siégea deux ans. Après lui, l'on compte comme catholicos :

En 240, le seigneur Joab ('Ovap), 6 ans. Il était originaire d'Osdan, de Gourabagh'adin-Abaran (Palais du curopalate);

Le seigneur Salomon (Sogh'omon), du bourg de Karni, 1 an.

Le seigneur Georges (Kêork) d'Arakadz–oden, du village d'Aschdaragk'; 3 ans.

Le seigneur Joseph surnommé Garidj, du district d'Arakadz-oden, du village de Saint-Grégoire, 11 ans;

Le seigneur David, du district de Mazaz, du village de Gagagh', 25 ans.

Le seigneur Jean du district de Godaïk', du village d'Ovaïts, 22 ans. Sous son pontificat, l'émir Mamounig vint en Arménie.

Dans la succession des princes d'Arménie après Sempad, fils d'Aschod, vient Aschod surnommé Messaguer (Carnivore), fils de Sempad, qui gouverna 20 ans. Il acheta, à prix d'argent, de la famille des Gamsaragans, le district d'Arscharounik', et y transporta sa résidence princière de Gokovid. Il eut pour successeur son fils Sempad, surnommé Aboul-Abbas (Ablapas), qui tint le pouvoir 30 ans.

Celui-ci avait été, dans sa jeunesse, retenu en otage à Samara, à la cour du khalife, sous Raschid-Haroun. Rendu à la liberté en l'année 275, il retourna en Arménie, et bâtit dans le district d'Arscharounik' un manoir qu'il appela Akerdjegouis (96).

De son temps, en l'année 290, Khaled (Khaleth) Ibn-Yézid, émir d'Arménie, passa avec des forces considérables en Géorgie; il mourut dans le Dchavakhs, au village de Khozapir.

A cette époque, sous le pontificat du seigneur Jean, en l'année 300 (97) de l'ère arménienne, un préfet nommé Abouzeyd (Abouseth) fut envoyé par l'amirabed Dja'far (Dchaph'r). Arrivé dans le district de Darôn, il s'empara du prince Pakarad, qu'il envoya à Dja'far.

Cependant les habitants du mont Taurus, s'étant groupés, se ruèrent en masse sur l'osdigan, et le massacrèrent lui et ses troupes. Ceux qui échappèrent coururent porter cette triste nouvelle à Dja'far, qui, rugissant comme un lion, et plein de rage, rassembla des forces innombrables, et les confia à un de ses esclaves nommé Bough'a, et le fit partir pour l'Arménie, avec l'ordre de se saisir des chefs, de les lui envoyer, et d'exterminer leurs troupes. Il lui avait recommandé en même temps, de traiter honorablement ceux qui consentiraient à embrasser la religion de Mahomet, et de les emmener avec lui. Bough'a parvenu dans le district de Darôn, mit la main sur les trois fils de Pakarad, et extermina tous les Khouthatsis, sur la montagne appelée Vaschkinag. De là, s'étant porté en avant, il vint s'emparer de tous les chefs arméniens, du prince des Ardzrounis, Aschod, père de Térénig, du sbarabed (généralissime) d'Arménie, Sempad, père du roi Aschod, du prince de Siounik', Vassag, de Garidj, prince de Kartman, du prince de Khatchên, Ader-Nerseh, d'Esaïe, prince des Agh'ouans, du prince des Sévortik', Etienne surnommé Gon, lequel reçut du Christ la couronne du martyre, à la Porte royale, dans la ville de Samara. Il chargea de chaînes ces princes et beaucoup d'autres chefs, et les fit partir pour Samara. Tout notre pays fut livré à l'esclavage.

Ce n'est pas tout. Il s'attaqua aussi au clergé, voulant lui imposer la loi erronée de l'islamisme. Il choisit de beaux

jeunes gens, qu'il fit jeter en prison pour les forcer à renier
le Christ. Mais ces héros chrétiens supportèrent bravement
les opprobres, les tortures, les ceps, et les coups ; méprisant
la souffrance, ils bravaient les supplices, s'offrant à la mort
avec joie. Le tyran, irrité de tant de fermeté, ordonna de
les immoler tous. Ces intrépides martyrs furent ainsi couronnés par le Christ. Parmi eux, il y en avait sept, dont le
principal se nommait Adom, originaire du district d'Agh'ag,
du village d'Osiran.

Comme c'étaient des hommes de bonne mine et braves
dans les combats, ils ne furent pas mis à mort avec les
autres. On les pressa vivement d'abjurer, en leur offrant
des trésors d'or et d'argent, en leur promettant de leur
donner des villages et des champs, pris sur les domaines
royaux. Mais ces généreux confesseurs s'illustrèrent par
un refus opiniâtre de céder à ces séductions. Le tyran,
rendu plus irrité par cette résistance, leur fit endurer
des tourments si cruels, que la langue de l'homme ne
saurait les décrire. Mais, vains efforts ! les promesses de
la vie future, l'amour du Christ, et le bonheur du martyre,
allégeaient ces affreuses souffrances.

La rage de ce forcené n'ayant fait qu'augmenter, il ordonna
de les crucifier. Saint Adom, appliqué à la croix, encoura-
geait ses compagnons : « Ne craignez rien, frères, leur di-
« sait-il ; car, au milieu de nos maux, nous sommes toujours
« les copartageants du Dieu vivant. » Puis, levant les yeux
vers le ciel : « Je te rends grâce, s'écria-t-il, ô Christ, mon
« espoir. J'avais fait vœu, dans cette fête de saint Georges,
« d'immoler des boucs et des agneaux, pour te glorifier ; à
« la place de ces victimes, nous nous offrons à toi ; reçois,
« ô Seigneur, cet holocauste, et donne-nous rang parmi tes
« saints. »

C'est ainsi que ces martyrs, restés maîtres d'une victoire

complète, rendirent l'âme, et furent couronnés par le Christ, en 302 (98) de l'ère arménienne. Il y en eut plus de 150, dont le nom fut inscrit dans le Livre de vie. Le patriarche Jean établit une fête annuelle et solennelle pour le jour de leur commémoration, le 25 du mois de méhégan; à la gloire de Dieu tout-puissant (99).

Aussitôt après, Bough'a se dirigea sur Deph'khis (Tiflis); il fit mettre en croix Sahag, fils d'Ismaël. De là, étant passé à Bardav, il fit périr, par le glaive, Mogathel de Vanant, qui mourut martyr, en confessant, avec les sentiments les plus orthodoxes, le nom du Christ.

Lorsque fut accomplie la vingt-cinquième année du patriarcat de Jean, en 302 de notre ère (100), ce pontife termina sa carrière. Aussitôt le sbarabed (généralissime) Sempad demanda aux évêques de se réunir et de sacrer Zakharie, du district de Godaïk', du village de Tzak, lequel siégea vingt-deux ans. Avant de parvenir à cette dignité, Zakharie n'avait reçu aucun des grades de la hiérarchie ecclésiastique, ni la prêtrise, ni le diaconat, mais il vivait dans une pureté exemplaire. Tous ces degrés lui furent conférés le même jour.

Cependant le sbarabed (généralissime) Sempad se rendit avec Bough'a auprès de l'amirabed, et sa dignité passa à son fils Aschod, le béni, qui, plus tard, devint roi.

Les chefs arméniens faits prisonniers par Bough'a rentrèrent au bout de quelques années, chacun dans son district, à l'exception du sbarabed Sempad, et d'Etienne Gon, qui donna sa vie pour le nom du Christ, à Samara.

En 311 de l'ère arménienne (101), s'assit sur le trône, comme émir-almouménin, Ahmed, qui confia le gouvernement de notre pays à Ali, fils de Yahya (Yahê). Celui-ci établit comme prince des princes Aschod, fils de Sempad, qui exerça ces fonctions vingt-cinq ans, jusqu'en 336 de notre ère (102), et qui plus tard reçut le titre de roi.

Du temps d'Aschod, en l'année 312 , à l'époque du carême, dans la *petite semaine*, (103) un violent tremblement de terre se fit sentir, qui fit périr quantité de personnes, et renversa de magnifiques édifices. Ce fléau dura trois mois.

Cette même année Schahab, fils de Sévata arriva à la tête d'une formidable armée en Arménie, avec l'intention de la saccager et de la ruiner. Parvenu dans le district d'Arscharounik', il fit halte sur la rive sud de l'Araxe (Éraskh), dans un lieu appelé aujourd'hui *k*'ar'assounk' (les Quarante). Cependant le jeune Apas, sbarabed d'Arménie, plein de confiance en Dieu, partit du bourg de Gagh'zouan, à la tête de quarante mille hommes des plus braves, des plus aguerris d'entre les Arméniens, pour aller affronter l'armée ennemie. Il la dispersa entièrement, passant les uns au fil de l'épée, précipitant les autres dans le fleuve. C'est par suite de cette victoire signalée, que ce lieu a pris et conserve jusqu'à ce jour le nom de Kar'assounk', d'après le nombre des martyrs de Sébaste. Schahab se sauva à grand'peine, avec vingt-six hommes seulement, couvert de honte.

Après ces événements, en 324 de notre ère (102), mourut le seigneur Zacharie, catholicos. Il eut pour successeur le seigneur Georges (Keôrk), que l'on intronisa solennellement le jour de la fête de la circoncision de Notre-Seigneur.

Cette année fut marquée par une terrible mortalité qui se répandit partout.

Georges était originaire du bourg de Kar'ni. Il tint le siège 12 ans.

La dernière année de son ministère vit l'avénement d'Aschod comme souverain (103).

Et maintenant, à l'instar des voyageurs qui ne pouvant porter tout le fardeau dont ils voudraient se charger, à cause de l'insuffisance de leurs forces, réservent le surplus pour un prochain voyage, nous reproduirons ici ce que nous avons laissé de côté dans notre Histoire, la série des rois de Perse, celle des émirs-almouménin des Arabes et ensuite la liste des empereurs grecs, afin que, de cette manière, notre ouvrage soit coordonné d'après un plan symétrique.

CHAPITRE TROISIÈME

---

1. ARDASCHIR, 40 ans [de règne].
2. SCHABOUH (Sapor), 53 ans.
3. NERSEH, 14 ans.
4. ORMIZT, 3 ans.
5. ARDASCHIR, 3 ans.
6. SCHABOUH (Sapor), 58 ans.
7. VR'AM GUERMAN (Behram Kirman-Schah), 11 ans.
8. YAZGUERD, 1 an.
9. VR'AM (Behram), 2 ans.
10. YAZGUERD, l'exterminateur, 29 ans.
11. BÉROZ (Firouz) 27 ans.
12. VAGH'ARSCH (Valarse ou Vologèse), 4 ans.
13. GAVAD (Kawadh), 11 ans.
14. DCHAMASB (Djamasp), 2 ans.
15. GAVAD (Kawadh), 41 ans.
16. KHOSROV (Chosroès) lequel fut baptisé, 47 ans.

Ce prince, au moment de sa mort, reçut les grâces cé-
lestes de la foi en Jésus-Christ, et le baptême au nom de
la Sainte-Trinité. Il fit célébrer la saint sacrifice de la

messe dans sa chambre et participa à la communion du corps et du sang de Notre Seigneur.

17. ORMIZT, 12 ans.

Sous son règne vivait un certain Vahram Méhévant, prince des contrées orientales de la Perse, lequel défit vaillamment les troupes des Thédals (2) et s'empara de vive force de Balkh (Pagh'k'), et de tout le pays des Kouschans jusqu'au delà du grand fleuve que l'on appelle Vehrod (3) et jusqu'au lieu nommé Kaspoun (4). Ce Vahram ayant fait la guerre au roi des Mask'ouths (Massagètes), défit toutes ses armées et tua ce prince. Ayant pillé les trésors royaux, il n'en envoya au roi Ormizt qu'une faible portion et distribua le reste aux troupes. Cependant le roi ayant reçu ce qui lui avait été offert, dit avec colère : le « souper a été bien autrement plantureux, et l'on peut en reconnaître l'indice par ce fragment de tant de richesses ; c'est donc tout ce que vous avez apporté pour le trésor royal ? » En même temps il ordonna à ses gardes du corps d'aller faire rentrer tout ce qui avait été distribué aux soldats. Ceux-ci irrités massacrèrent les envoyés du roi, et ayant proclamé comme souverain Vahram, marchèrent de concert vers l'Assyrie afin d'aller tuer Ormizt. A cette nouvelle, celui-ci voulut prendre la fuite et traverser le Tigre (Teglath) sur un pont volant à Vehgavad (5). Alors ses gens ainsi que ses gardes et officiers ayant tenu conseil, le mirent à mort et le remplacèrent par son fils Khosrov. Peu de temps après, Vahram à la tête de toutes ses forces survint à l'improviste, rapide comme l'aigle. Khosrov avec les siens se sauva au delà du grand fleuve Teglath, tandis que Vahram arrivant sur ses traces, s'emparait de la maison et des trésors du roi, et occupait le trône.

N. B. *On lit dans notre texte arménien, en marge, cette note de copiste : « Dans l'exemplaire original il manquait neuf pages »* (6).

Nous avons suppléé à cette lacune pour le présent chapitre III, par le récit d'un auteur à peu près contemporain d'Açogh'ig' Thomas Ardzrouni, historien de la maison satrapale des Ardzrounis Livre second, chapitre III, pages 93-97, édition de Constantinople, in-8°, 1852.

Renversement de la cruelle dynastie des Perses, dans la famille des Sassanides.

La huitième année de Maurice, empereur des Grecs, le roi des Perses, Ormizt, de la famille de Sassan, fut tué par ses courtisans, et son fils Khosrov, qui était encore en bas âge, monta sur le trône. Un certain Vahram Mehrevantag, lequel était gouverneur des contrées orientales, à la tête de forces considérables, battit vaillamment les Thédalatsis, et marchant sur Balkh (Pakhgh') s'empara de cette ville de vive force, et de toute la contrée des Kouschans, jusqu'au delà du grand fleuve Vehrod ; puis il se rendit maître du royaume des Perses. Le fils d'Ormizt, Khosrov accourut vers l'empereur Maurice emmené par ses oncles maternels Bindôës (Vento') et Bistâm (Vesdam) qui le conduisirent chercher un refuge à la Porte impériale. Ils députèrent à l'empereur Maurice des personnes d'un haut rang, chargées de cadeaux magnifiques, et d'une lettre dictée par Khosrov, de la teneur suivante :

O grand Monarque, souverain de la mer et de la terre, donne-moi un secours de troupes, et rétablis-moi sur le trône de mes pères, afin que je puisse vaincre mon ennemi, et replacer la couronne sur mon front. Je deviendrai pour

toi un fils soumis, et je te donnerai la Syrie et tout l'Arévasdan (18) jusqu'à la ville de Medzpin ; dans l'Arménie
la contrée de Danoudêragan jusqu'à l'Aïrarad, en passant
par Tevin jusqu'au bord de la mer de Peznounik', et
jusqu'au bourg d'Ar'esd ; en outre la majeure partie de
la Géorgie jusqu'à la ville de Deph'khis. Nous ferons de
part et d'autre un traité de paix, avec des serments et des
conditions qui seront maintenues inviolables entre nous et
nos fils qui règneront après nous ».

L'empereur Maurice, ayant agréé ces propositions, dé-
puta vers Khorov son gendre Philippe ; il lui adressa
une lettre bienveillante et reçut de lui son serment. Il mit
à sa disposition un corps de troupes impériales ; Jean
('Ovhan), patrice originaire de l'Arménie, le général
(Sdradélat) Nersès, Mouschegh', robuste et courageux
guerrier, ainsi que toutes les troupes grecques, arméniennes, géorgiennes et du pays des Ag'houans. Cette
innombrable armée arriva dans l'Aderbadagan au district
de Var'arad.

Cependant Vahram écrivit à Mouschegh' et aux autres
généraux une lettre ainsi conçue :

« Je pensais que, lorsque je combats vos ennemis, vous
seriez venus de votre côté à mon aide, et que nous aurions
réuni nos efforts pour détruire ce fléau du monde, la famille de Sassan, et voilà que maintenant vous marchez tous
ensemble contre moi. Mais je ne redoute en rien les chefs
romains qui s'avancent pour m'attaquer.

Quant à vous, Arméniens, c'est d'une manière bien inop-
portune que vous faites acte de fidélité envers vos maîtres
[actuels]. N'est-ce pas la famille de Sassan qui a détruit chez
vous votre souveraineté nationale et vous venez contre
moi ! Si cependant il vous plaisait de vous séparer de ceux-
là, et de vous joindre à moi, j'en jure, dans le cas où je serais

victorieux, j'en jure par le grand dieu Ormizt, par le soleil et la lune, par le feu et par l'eau, par Mihr et par tous les dieux, le royaume d'Arménie vous sera rendu, et vous choisirez pour roi celui que vous voudrez, et en prenant la Syrie pour limites, vous obtiendrez l'Assyrie, Medzpin, Nouschiragan, jusqu'au territoire des Arabes (Dadjigs) ; de votre côté, je ne pourrai dépasser l'Araxe. Je vous distribuerai les trésors du pays des Aris avec une libéralité, qui ne s'arrètera que lorsque vous aurez dit: c'est assez; je vous donnerai des secours de troupes autant que vous en aurez besoin jusqu'à ce que votre royaume soit raffermi. » Après avoir ajouté à cette lettre les serments en usage dans la religion des Perses, et y avoir enveloppé du sel, il la leur envoya; mais ceux-ci l'ayant reçue et lue, n'y firent pas de réponse.

Vahram leur écrivit une seconde fois, en leur disant : Je vous ai avertis de vous séparer de ces gens-là, et vous n'avez pas voulu m'écouter; je vous plains, car demain, à l'aurore, je vous montrerai des éléphants, tout armés et montés par les plus braves guerriers couverts de cottes de maille, qui feront pleuvoir sur vous des traits en fer, des javelots bien trempés et des dards d'acier ; je vous montrerai de valeureux archers, qui vous accableront d'une grêle de flèches en quantité suffisante pour Khosrov et pour vous. »

Mouschegh' lui répondit en ces termes : Après avoir pris connaissance de tes paroles, je te dirai que la royauté vient de Dieu, et qu'il la donne à qui bon lui semble. C'est toi-même que tu dois plaindre et non pas nous, car je vois que tu es un fanfaron, qui te confies en ta propre personne, et non en Dieu, dans le nombre de tes troupes et dans la force de tes éléphants. Je dois ajouter, que si Dieu le veut, demain de vaillants combattants t'envelopperont et tomberont sur toi comme des nuées du ciel;

empoignant leurs lances à pleines mains, ils fendront la multitude de tes soldats, comme un éclair qui précède la foudre. Si telle est la volonté de Dieu, un vent impétueux les balayera, comme de la poussière. Nant, Bindôës (Vento') et Bistâm (Vesdam) et les troupes perses formaient un corps de 8,000 hommes de cavalerie, sans compter les contingents grecs et arméniens.

Le lendemain, lorsque le soleil commençait à dorer les cimes élevées, les deux armées se rangèrent en ordre de combat, bataillon contre bataillon ; puis s'élançant en masse dans une horrible mêlée, elles ne cessèrent de lutter avec acharnement, du matin au soir ; elles épuisèrent tous leurs efforts dans ce terrible duel.

Le carnage fut si horrible, que le sang répandu coulait par torrents sur toute l'étendue de la plaine. Les troupes de Vahram ayant fini par plier et ne pouvant plus tenir contre les Grecs, se débandèrent ; ceux-ci les poursuivirent jusqu'à ce que la nuit fut close, couvrant la plaine de cadavres, et faisant quantité de prisonniers qu'ils conduisirent à Khosrov. Cette journée fut décisive en sa faveur. Vahram fugitif, se sauva dans sa résidence royale de Balkh (Pakhgh'). Plus tard il fut mis à mort par ordre de Khosrov. Ce dernier affermi sur le trône, remplit les promesses qu'il avait faites à l'empereur, il lui concéda tout l'Arévasdan jusqu'à Medzpin (Nisibe), l'Arménie jusqu'au fleuve Hourazdan, le district de Godaïk' jusqu'au bourg de Kar'ni, sur les bords de la mer de Peznounik', et jusqu'au bourg d'Ar'esd, le district de Gokovid, jusqu'à Hatsiv et Magou. Un traité solennel d'amitié fut conclu entre les deux souverains, celui des Perses et celui des Grecs.

En l'année 14 du règne de Khosrov et la 20ᵉ de Maurice, les troupes grecques stationnées dans la Thrace se révoltèrent contre ce dernier et se donnèrent pour souverain un

certain Phocas. Ayant marché toutes ensemble contre
Constantinople elles tuèrent Maurice et firent asseoir Phocas
sur le trône.

Ici reprend le récit d'Açogh'ig.

Les troupes de Maurice se révoltèrent dans la Thrace et
proclamèrent Phocas, puis marchant sur Constantinople,
elles mirent à mort Maurice et ses fils. Khosrov ayant appris
ce meurtre s'avança à la tête de toutes ses troupes contre
les pays d'occident et vint prendre la ville de Dara,
après quoi il envoya le général Khor'em surnommé Raz-
man avec une armée dans la Syrie et Aschtad vers
les frontières de l'Arménie. Celui-ci vint attaquer les
troupes grecques stationnés à Tou et Ortrou (34), les mit en
fuite et les poursuivit jusqu'à Satala. Il prit Garin et fit
prisonnier le catholicos Jean; il enleva tout ce qui appartenait à la résidence patriarcale, ainsi que les habitants de
cette ville, et les emmena à Ahmadan. De son côté Khor'em
étant entré en Syrie prit Amith, Edesse (Our'ha) et Antioche. Le général perse Schahên d'un autre côté se
rendit maître de Césarée où il séjourna un an. Khor'em
étant passé à Pisiton, prit la ville de Tarse et marcha
sur Jérusalem qu'il tint assiégée dix-neuf jours. Une mine
creusée sous les remparts lui livra cette ville. Les Perses y
mirent le feu, passèrent au fil de l'épée 57,000 personnes, et
firent 35,000 prisonniers. Le patriarche Zacharie, la sainte
Croix du Sauveur avec tous les vases sacrés d'or et d'argent qui l'accompagnaient, tombèrent entre leurs mains, et
furent envoyés à la Porte royale [de Perse]. Cependant le
roi [Khosrov] donna l'ordre de ramener à Jérusalem tous
les habitants faits prisonniers, de rebâtir cette ville et d'en

chasser les Juifs. Il en nomma patriarche Modeste, lequel adressa une lettre aux Arméniens.

En l'année 29 de Khosrov, Gomidas ayant fait détruire la chapelle de Sainte Hripsimê, construite par saint Sahag, y découvrit le corps de la sainte, ayant neuf empans et quatre doigts, et scellé du sceau de saint Grégoire et de saint Sahag. Il y apposa aussi le sien, puis il fit reconstruire l'édifice, et replaça ces reliques au même endroit. Par ses soins la toiture en bois de la Cathédrale fut refaite en pierres. Jean était économe du couvent.

Cependant le général perse Khor'em après avoir pris Jérusalem, se dirigea sur Chalcédoine, d'où il fit attaquer par sa flotte Constantinople; mais il perdit en un seul jour quatre mille Perses.

L'empereur Héraclius, ayant placé sur le trône son fils Constantin, partit pour Césarée, afin de réunir toutes ses forces qui étaient de 120,000 hommes.

S'étant mis en marche, pour attaquer le roi de Perse, il vint d'abord de la Cappadoce à Garin, et de là à Tevin qu'il saccagea. Nakhdjavan, Kantzag et Hitag furent détruites de fond en comble. Les autels du grand Pyrée appelé Veschnasb furent renversés. Après avoir saccagé la Perse, il retourna par la Médie et arriva à Ph'aïdagaran, dans le pays des Gasp et alla camper au bourg de Dikranaguerd. Les généraux perses Schahr-Varaz et Schahên, chacun à la tête de leur armée, accoururent pour tenir tête à Héraclius, l'un par devant l'autre par derrière. Mais l'empereur opérant un mouvement de retraite vint tomber sur Schahên, dont il mit en déroute l'armée, forte de 30,000 hommes; puis se portant par Dzegh'ougs, sur Nakhdjavan, il franchit l'Araxe, au bourg de Vrendchounis passa à Pakrévant, de là dans l'Abahounik' et vint camper au village de Kharjdók'. Cependant Schahr-Varaz avec un corps de 6,000 hommes d'élite alla se poster à Ardjêsch, où il dressa une embuscade à Héraclius. Celui-ci ayant marché contre les Perses pendant la nuit, mit le feu à la ville et massacra tous ceux qui tentèrent d'en sortir. De là il se dirigea avec toute son armée par Césarée jusqu'à Amasia, pour la faire reposer. Une seconde expédition le ramena en Arménie; pénétrant dans la province de Schirag, et faisant route par Gokovid, il entra dans les districts de Hêr et de Zarévant, et marcha droit sur Ctésiphon (Dispon) contre Khosrov; puis étant passé de l'autre côté du mont Varasb dans l'Assyrie, il se porta vers l'ouest sur Ninive (Ninwê).

Héraclius étant retourné avec des forces imposantes contre les Perses, sans que ceux-ci eussent connaissance de ce mouvement, car un brouillard enveloppait toute la plaine, ils ne s'aperçurent de l'arrivée des Grecs que lorsque ceux-ci furent arrivés sur eux, et que le combat fut engagé. Le Seigneur favorisa Héraclius; dans cette journée, les Perses furent défaits et exterminés, leur pays ouvert à l'invasion et saccagé. L'empereur parvenu aux portes de Ctésiphon, brûla tous les édifices royaux qui s'élevaient aux alentours de cette ville, puis il rétrograda jusque dans l'Aderbadagan. Sur ces entrefaites l'armée et les grands de la Perse, placèrent sur le trône Gavad (Kawadh) fils de Khosrov, et firent périr ce dernier. Aussitôt Gavad fit partir des ambassadeurs avec des présents pour aller proposer la paix à l'empereur. Héraclius envoya les siens pareillement, et la paix fut conclue et les limites des deux empires rétablies comme au temps de Maurice et de Khosrov.

Gavad après avoir régné six ans, mourut, laissant la couronne à son tout jeune fils Ardaschir.

Cependant Héraclius écrivit au général perse Khor'em qui

était alors du côté d'Alexandrie pour l'inviter à venir le trouver ; il lui donna la couronne de Perse et en retour lui demanda la Croix du Seigneur. Il le fit accompagner par quelques hommes sûrs et un petit corps de troupes. Khor'em arrivé en Perse, mit à mort le jeune Ardaschir et ayant recherché la croix du Sauveur, il l'envoya à Héraclius, qui la rapporta à Jérusalem.

Ici finit l'empire des Perses dans la famille de Sassan. Commencé en la 5ᵉ année de Philippe, empereur des Romains, il cessa dans la 18ᵉ année d'Héraclius, en 77 de l'ère arménienne, cette dynastie ayant duré en totalité 386 ans.

Ensuite un grand nombre de chefs du royaume occupèrent le trône d'une manière éphémère, quelques jeunes filles s'y assirent même pendant quelques mois, mais aucun de ces souverains n'est digne de mémoire. Cependant voici leurs noms : après Khor'em il y eut Porn, fille de Khosrov, et après elle Yazguerd, fils de Gavad et petit-fils de Khosrov, lequel régna à Ctésiphon.

CHAPITRE QUATRIÈME (1)

AMIR-ALMOUMÉNIN DES DADJIGS (ARABES) ET ÉVÉNEMENTS
ACCOMPLIS DÈ LEUR TEMPS

Un peu avant la mort de Khosrov (Chosroës II) et la 8ᵉ
année de l'empereur Héraclius en 68 de l'ère arménienne
parut Mahomet (Mahmêd), sorti du désert, fils d'Abdallah (Aptela) et prophète des Dadjigs (Arabes).

A cette époque les Juifs en révolte contre les Grecs s'é-
taient fortifiés dans la ville d'Edesse. Lorsqu'ils ne purent
plus tenir, ils sortirent de la ville et se rendirent dans l'A-
rabie (Dadjgasdan), auprès des fils d'Ismaël, au nombre de
12,000 hommes. Ils leur firent savoir qu'ils étaient de même
race et implorèrent leurs secours. Comme Mahomet leur
avait dit : Dieu a promis de vous donner ce pays ; personne
ne pourra nous résister, les armes à la main, les enfants
d'Ismaël se rassemblèrent depuis Hevilah jusqu'à Sour et
jusqu'en face de l'Égypte.

Ils sortirent de Phar'an en un corps de douze tribus, suivant le nombre de leurs familles patriarcales. Arrivés à Ra-
both (R'apovth) de Moab (Movap), sur les limites [de la
tribu] de Ruben, ils en vinrent aux mains avec Théodose,

frère d'Héraclius et le mirent en fuite. L'empereur Héraclius ayant réuni une nouvelle armée de 70,000 hommes l'envoya contre eux. Les Grecs arrivés sur les bords du Jourdain, le franchirent et passèrent en Arabie. Ils marchèrent à pied au combat contre les Ismaélites, mais l'issue leur en fut fatale et ils furent forcés de prendre la fuite. Les Arabes traversant alors le Jourdain, vinrent camper auprès de Jéricho. Cependant les habitants de Jérusalem effrayés, placèrent la sainte Croix et tous les objets sacrés de l'église [de la Résurrection] sur un navire qui les transporta à Constantinople.

Mahomet, après avoir gouverné sa nation pendant deux ans, mourut la onzième année d'Héraclius ; il eut pour successeur Aboubekr (Apoupakr), Othman et Omar, qui conservèrent le pouvoir pendant 38 ans.

Lorsque Constantin, fils d'Héraclius, fut monté sur le trône, les Arabes se rendirent maîtres de la Judée et de la Syrie. Ils se divisèrent en trois corps dont l'un se dirigeant vers l'Égypte, s'empara de tout le pays jusqu'à Alexandrie. Le second corps marcha vers le nord, contre l'empire grec ; et conquit toute la contrée depuis la mer inférieure jusqu'aux rives du grand fleuve Euphrate et, sur la rive orientale de ce fleuve, prit Édesse (Our'ha) et toutes les villes de la Mésopotamie. Le troisième corps se porta vers l'est, et arrivé à Ctésiphon renversa l'empire perse, battit l'armée du roi Ormizt et tua ce prince qui était le petit-fils de Khosrov (Chosroès II). La Perse fut saccagée par les Arabes, les trésors royaux pris et emportés par eux dans leur pays. Une partie considérable de l'armée arabe, envahit et pilla la Médie, Kogh'then et Nakhdjavan. Un autre détachement fondit sur le district d'Ardaz, attaqua le général grec Procope (Brokob), le défit et chargé des dépouilles de son camp, reprit le chemin du pays d'où il était venu. Ceci arriva la 22ᵉ année du gouvernement d'Aboubekr, Othman et Omar, chefs des Ismaélites.

Ces incursions cessèrent pendant trois ans, au bout desquels, la 26ᵉ année des chefs précités et la 3ᵉ de Constantin. petit-fils d'Héraclius, l'armée d'Ismaël, sortant de l'Assyrie par le chemin de Tzor, envahit le pays de Daron et par Peznounik' et la vallée de Pergri, se répandit dans l'Ararad et vint s'emparer de Tevin. Toute la population virile de cette ville fut passée au fil de l'épée; les femmes et les enfants emmenés en servitude, au nombre de 35,000. C'était le 20 du mois de Drê, à l'époque des vendanges.

Le prince d'Arménie Théodose, seigneur de Redchdounik', qui restaura par ses constructions l'île d'Akhthamar, livra bataille aux Arabes à Gokovid, mais il ne put les vaincre. Cet événement eut lieu sous le pontificat d'Esdras (Ézer) catholicos.

Cependant le roi des Ismaélites voyant la monarchie perse renversée, donna l'ordre à ses troupes de tourner leurs efforts contre l'empire romain, et de s'emparer de Constantinople, afin de détruire aussi cette puissance. Le khalife écrivit à l'empereur une lettre d'injures, dans laquelle se trouvaient ces mots: « Ton Christ qui n'a pu se sauver lui-même des mains des Juifs, comment pourra-t-il te délivrer des miennes? » Toutes les troupes arabes accoururent des contrées de l'Orient, de la Perse, du Khoujasdan, de l'Inde, de l'Assyrie de l'Égypte et se réunirent auprès de Moawiyah (Mawi) chef de l'armée arabe, lequel résidait à Damas. Une flotte de guerre fut équipée à Alexandrie et dans toutes les villes du littoral, et fournie d'armes et de machines de guerre. Il y avait trois cents grands vaisseaux, contenant chacun mille hommes et en outre 5,000 petits navires, montés chacun par 100 hommes. Moawyiah fit partir cette flotte, tandis que lui-même à la tête de ses troupes se dirigeait par terre vers Chalcédoine. L'armée, grecque de son côté, se renferma dans Constantinople pour défendre cette ville. C'était la 13ᵉ année de Constantin. Les Ismaélites parvenus à Chalcédoine envoyèrent la lettre de leur souverain à l'empereur Constantin. Celui-ci se rendit à l'église, cette lettre à la main, et se prosternant la face contre terre : Vois, Seigneur, s'écria-t-il. Il se revêtit d'un cilice, s'assit sur la cendre et proclama un jeûne général. Cependant le chef des Ismaélites ayant ordonné de disposer la flotte en front de bataille, elle s'avança contre Constantinople. Alors le Seigneur du haut du ciel, commanda aux vents de se déchaîner, et la mer se soulevant du fond de ses abîmes, engloutit toute la flotte et les troupes qui la montaient, pas un ne put se sauver, car cette furieuse tempête dura six jours. Les troupes qui étaient campées à Chalcédoine s'enfuirent pendant la nuit et s'en retournèrent dans leur pays.

En la 36ᵉ année du gouvernement d'Aboubekr, Othman et Omar, les Arabes entreprirent une nouvelle expédition en Arménie. Ils se partagèrent en trois corps, l'un marcha vers Vasbouragan, l'autre contre [le district de] Daron, le troisième parvenu dans [le district de] Gokovid, prit pendant la nuit la forteresse d'Ardzaph'. Ce jour même tandis que les Arabes pleins de sécurité après la victoire se livraient aux excès d'une débauche crapuleuse, le prince Théodose à la tête de 600 hommes vint fondre sur eux et les extermina tous, au nombre de 3,000 : il leur reprit les prisonniers et le butin qu'ils avaient faits.

Après la mort d'Aboubekr, Othman et [Omar], le pouvoir passa aux mains de Moawyiah (Mawia) qui l'exerça pendant 19 ans. Dans sa première année et la 25ᵉ année de Constantin, le prince Sempad Bagratide et le général des

Grecs, allèrent, par ordre de Constantin, attaquér les Arabes qu'ils rejoignirent par le pont volant de l'Euphrate, mais ils furent vaincus et mis en déroute.

Après quoi un décret fut expédié en Arménie par lequel un tribut était imposé à ce pays. Les chefs et les satrapes ainsi que le catholicos Nersès consentirent à payer, chaque année, 500 tahégans, Moawiyah établit prince d'Arménie et de Georgie, Grégoire (Grikor). A sa mort, il fut remplacé par son fils, qui gouverna deux ans. Celui-ci eut pour successeur Abd-almélik (Aptelmélik), fils de Merwan, lequel occupa le khalifat 21 ans.

Le prince d'Arménie, Grégoire, rendit la paix à ce pays. C'est à lui qu'est due la construction de l'église d'Aroudj. Il périt sous les coups des peuples du Nord. Son successeur fut Aschod, patrice, homme illustre, ami de l'étude, et rempli de la crainte de Dieu. Il construisit Tarouink'. Ayant fait venir des pays d'Occident un tableau représentant au naturel l'incarnation de Jésus-Christ, il le plaça avec une pompe solennelle dans cette église qu'il dédia sous ce nom.

La première année de son gouvernement parut un astre chevelu, qui projetait en arrière des rayons lumineux en forme de colonne. C'était un présage de famine, d'extermination et de commotions terribles.

Abd-almélik comptait seize ans de khalifat, lorsqu'il donna l'ordre à ses troupes de marcher sous le commandement du général Mohammed contre l'Arménie. Les Arabes étant arrivés dans notre pays, et ayant vu que le couvent de Saint-Grégoire était riche d'ornements et de vases sacrés, ils conçurent une mauvaise pensée contre ce saint asile. Un détachement de ces infidèles étant venu y prendre gîte, ils étranglèrent pendant la nuit un de leurs esclaves et le jetèrent dans une excavation. A l'aurore s'étant mis en cherche, ils découvrirent ce cadavre. Alors Mohammed fit couper les mains et les pieds aux moines, et les fit attacher à une croix au nombre de plus de 40. Tous les objets du culte que renfermait l'église furent pillés.

Cependant Mahomet partit pour la Syrie, laissant un des siens pour gouverner l'Arménie. Ce chef entreprit de détruire le corps de la noblesse arménienne. En cette occasion se découvrit la trahison de Sempad Bagratide, lequel appelant auprès de lui Sempad, fils du prince Aschod, Vart, fils du prince Théodose, et son propre frère Aschod résolut avec eux d'émigrer sur le territoire grec. Les Ismaélites au nombre de 5,000 s'étant mis à leur poursuite, les atteignirent au bourg de Vartanaguerd. Les Arméniens n'étaient que 2,000 seulement. A l'aurore, le combat s'engagea, et les Ismaélites furent vaincus et taillés en pièces. Car ils étaient glacés de froid, ayant été forcés de passer la nuit en plein air. Ceux qui parvinrent à s'échapper, ayant voulu traverser l'Araxe gelé furent engloutis dans les flots. Sempad envoya des chevaux arabes et les nez des cadavres ennemis à l'empereur qui pour le récompenser lui confia la dignité de curopalate. De là Sempad se retira dans le Daïk' et s'en vint dans la forteresse de Thoukars.

Abd-almélik ayant appris la défaite des siens, donna l'ordre au général Mohammed d'entrer en Arménie avec des forces nombreuses. A sa rencontre vint le catholicos Sahag, qui obtint la paix pour son pays, et cela, après sa mort arrivée dans la ville de Khar'an, de la manière que nous l'avons raconté plus haut.

Abd-almélik étant mort, son fils Walid (Valith) lui succéda, et gouverna 10 ans. Dans la première année de son règne, Walid conçut le projet d'anéantir toute la noblesse arménienne, et donna ses ordres en conséquence au général Mohammed. Celui-ci prescrivit à un certain Kassem (Gams), qui était gouverneur du district de Nakhdjavan, d'appeler auprès de lui les satrapes arméniens avec leur cavalerie, sous prétexte de passer une revue, et de recevoir une solde du trésor royal. Ceux-ci avec leur simplicité habituelle accoururent aussitôt à ce rendez-vous. On les partagea en deux groupes, dont l'un fut renfermé dans l'église de Nakhdjavan, et l'autre dans l'église de Khram. Puis le feu ayant été mis à ces deux édifices ils périrent tous dans les flammes, en l'année 153 de notre ère; en même temps les principaux d'entre les satrapes furent condamnés à périr sur la croix. Dans cette exécution furent compris Sempad, fils d'Aschod, Grégoire (Krikor) et Gorioun de la famille des Ardzrounis, leurs femmes et leurs enfants furent traînés en esclavage. Quant à Vartan, fils de Khosrov, seigneur de Kogh'then, encore en bas âge, il fut emmené par les Arabes, qui firent son éducation et lui enseignèrent leur écriture et leur loi infâme. Mais parvenu à l'adolescence et ayant obtenu du khalife la restitution des possessions de son père, il retourna en Arménie et fit profession du christianisme et d'une vie sainte. Conduit à la porte royale, il fut condamné à périr par le glaive et mourut martyr en l'année 186 de notre ère, comme nous l'apprend l'histoire qui a été composée à son sujet.

Après que les chefs arméniens eurent péri dans les flammes, Sempad curopalate et les satrapes qui s'étaient sauvés avec lui, se rendirent dans le pays d'Eker; l'empereur des Grecs, leur donna la ville de Pouïth où ils s'établirent. Mais plus tard ayant mis cette ville à sac, et pillé l'église, ils s'en revinrent dans notre pays. Alors l'empereur donna l'ordre aux archevêques et aux métropolites de prononcer l'anathème contre eux et de lire cette sentence à la fête de Pâques, jour où ils avaient commis leur crime.

Walid remplaça le général Mohammed par un certain Abd-alaziz (Aptelaziz), lequel était sourd. Celui-ci pacifia l'Arménie et rebâtit la ville de Tevin beaucoup plus forte et sur un plan beaucoup plus vaste qu'auparavant. Il disait : C'est par moi qu'a eu lieu la destruction de cette ville, et je la relèverai. J'étais, ajouta-t-il, un enfant de douze ans et je portais une ceinture rouge, au moment où les Ismaélites combattaient contre les habitants de Tevin. Je pénétrai dans un conduit et ayant débouché sur le rempart, je poussai de grands cris vers les nôtres ; aussitôt les soldats postés à l'avant-garde désertèrent le rempart et les Arabes redoublant de courage à cette vue se rendirent maîtres de la place. Voilà comment la chose se passa.

Le général Mohammed, qui convoitait dans son cœur de tenter une attaque contre le pays des Djen (Chinois) demanda au chef des Ismaélites 200,000 hommes de troupes. Ayant traversé l'Assyrie et la Perse, il arriva dans une partie du territoire des Djen, et campa sur les bords du fleuve appelé Paudis. De là il écrivit au roi des Djen une lettre ainsi conçue : — Pourquoi, toi seul, tu ne reconnais pas l'obéissance de notre souverain, dont le nom fait trembler toutes les nations. Le roi des Djen répondit : Le roi de Babylone a conquis le monde, il en a été de même du roi des Macédoniens et de celui des Perses, mais ils n'ont pu nous assujettir ; je ne te paierai pas de tribut, je te donnerai seulement des présents royaux, Mohammed lui envoya lui dire de nouveau : Donne-moi 30,000 jeunes filles et je me retirerai de ton pays. Les désirs des chefs arabes étaient en effet enflammés par la beauté des jolies filles des Djen. Le roi des Djen fit disposer des chariots recouverts de ciels en brocart et dans lesquels il plaça 40,000 guerriers bien armés ; puis il se rendit sur les bords du fleuve et se posta à une petite distance des chariots, en même temps il fit dire à

Mohammed : — Prends tes officiers en même nombre que nos 30,000 jeunes filles, et passe de ce côté-ci du fleuve, afin que nous tirions au sort à qui elles écherront, et que les tiens n'aient pas l'occasion d'en venir aux mains les uns avec les autres. Mohammed ayant pris avec lui 30,000 de ses principaux guerriers et ayant traversé le fleuve, le roi des Djen donna l'ordre aux siens de se précipiter sur les Arabes. Les hommes qui étaient dans les chariots, cachés sous les rideaux en sortirent, et cernant les Arabes les taillèrent en pièces. Mohammed s'étant jeté dans le fleuve avec une poignée des siens, prit la fuite.

Walid mourut après un règne de 10 ans; il eut pour successeur Souleyman, qui se maintint trois ans. Dans sa troisième année, ce dernier fit réunir des troupes par Mouslim (Meslin) et les envoya vers Derbend d'où elles débusquèrent les Huns et les chassèrent. Au moment où les Arabes étaient occupés à démolir le rempart de cette ville ils trouvèrent dans les fondements une pierre sur laquelle étaient gravés ces mots : « L'empereur autocrate Marcien construisit cette ville et ces « tours avec de grandes dépenses qu'il a fournies de son tré- « sor. Dans des temps postérieurs les enfants d'Ismaël la dé- « moliront et la reconstruiront à leurs frais.» A la lecture de cette inscription, les Arabes suspendirent leur œuvre de destruction, et rebâtirent le rempart qu'ils avaient détruit.

Après Omar le khalife fut Yézid, lequel régna 6 ans. Ce prince poussé par l'esprit du mal déclara la guerre aux chrétiens. Il ordonna de mettre en pièces les peintures qui représentaient la véritable image de l'incarnation du Seigneur, et les portraits de ses disciples; il fit casser les croix dans tous les lieux où s'élevait ce signe vénéré pour être adoré à l'égal de la Sainte-Trinité. Il donna aussi l'ordre de tuer les porcs, et d'en faire disparaître entièrement la race. Il mourut étouffé par le démon qui l'obsédait.

Il eut pour successeur Hescham qui régna 12 ans. Ce prince aggrava les impôts de l'Arménie. Ensuite se montrant arrogant envers l'empereur Léon, il lui demanda de se soumettre à sa suprématie et de lui payer tribut. L'empereur n'ayant pas voulu y consentir, le khalife furieux fit partir son frère Mouslim (Meslim) avec des forces considérables pour envahir le territoire grec. Ayant traversé la Cilicie, il pénétra dans la contrée de Mesigon (Mesogeion), mot qui signifie contrée méditerranée. Arrivés dans la Bithynie, les Arabes battirent les Grecs et après avoir ravagé le pays rentrèrent chez eux. Le grand chef d'Ismaël voyant ce succès, réunit de nouveau des troupes et les confia à son frère Mouslim, qu'il envoya contre l'empereur des Grecs. Mouslim avait fait le serment de ne point retourner vers son frère, avant d'avoir détruit Constantinople et Sainte-Sophie. S'étant mis en marche et étant parvenu sur le rivage de la mer du Pont, il écrivit à Léon en ces termes : Quelle est donc ton obstination de n'être pas venu nous faire ta soumission? N'as-tu pas appris tous les maux que nous avons fait éprouver aux puissances qui ont voulu nous résister. Nous les avons brisées comme un vase d'argile. Car la promesse de Dieu à notre père Ismaël, s'est accomplie, et maintenant j'ai juré de ne point revenir dans mon pays, que je n'aie détruit ton empire, et ruiné ta ville fortifiée par des remparts, et ta Sainte-Sophie qui est le lieu où tu vas adorer. » L'empereur après avoir lu cette lettre injurieuse courut à Sainte-Sophie avec le patriarche et toute la multitude de Constantinople et déployant cet écrit outrageant en présence de Dieu, il resta pendant trois jours, sans interruption, occupé à réciter les prières de l'Office et sans prendre de nourriture; après quoi il adressa au général Mouslim cette réponse : — Pourquoi t'enorgueillir dans ta malice et ta puissance impie ? La verge de Moïse qui était l'image de la Croix du Christ, engloutit Pharaon. Avec combien plus de force cette sainte Croix causera ta ruine? T'en retourner, c'est le meilleur parti pour toi et tes troupes; si non accomplis le projet auquel ta pensée te poussera. » A la lecture de cette lettre, le général Mouslim commanda à ses soldats de monter sur la flotte qu'il avait équipée, et s'avança contre les murs de Constantinople.

L'empereur Léon ayant aperçu cette innombrable multitude d'assaillants qui couvrait toute l'étendue de la mer, ordonna de disposer la barrière faite en grillage de fer et de fermer la porte des ouvrages de défense formés par des chaînes, et ne permit à personne d'en venir aux mains avec l'ennemi. Plein de confiance en Dieu, il attendit le salut d'en haut, puis ayant chargé sur ses épaules l'étendard invincible de la Croix et accompagné du patriarche et de tous les habitants, portant des cierges et faisant fumer l'encens, et au son des cantiques, ils sortirent hors des murs. L'empereur toucha avec la Croix l'eau de la mer, en disant trois fois : « Viens à notre secours, ô Christ, sauveur du monde ». Aussitôt les abîmes se soulevèrent et engloutirent les Ismaélites. Une partie des navires fut poussée par les flots agités sur les côtes de la Thrace, les autres jusque dans des îles éloignées. Cette armée comptait plus de 500,000 hommes. Mouslim fut fait prisonnnier et conduit à l'empereur qui lui dit: — Dieu a jugé dans ma cause, je ne porterai pas les mains sur toi; va, retourne dans ton pays, raconter les merveilles que Dieu a opérées. Mouslim s'en revint en effet chez lui, couvert de honte; et jamais plus il ne voulut ceindre l'épée.

A cette époque le chef suprême des Ismaélites, Hescham envoya pour gouverner notre pays Merwan, fils de

Mohammed. Celui-ci établit patrice d'Arménie, Aschod fils de Vasag, le Bagratide.

Hescham étant mort, le khalifat passa à Walid (Velith) qui régna un an et demi. Ce prince fut mis à mort par les grands de son royaume d'après la décision des Kora (lecteurs du Koran). A sa place ils établirent Souleyman. Merwan ayant appris la mort de Walid, rassemble aussitôt ses troupes et repassant l'Euphrate, vient attaquer Souleyman, le défait et le tue ; il règne ensuite pendant six ans. Ayant fait le siège de Damas, il prit cette ville: Les habitants, fils d'Ismaël (musulmans), furent liés à quatre pieux, et avec des instruments de menuisier on leur raclait la figure ; les femmes enceintes étaient éventrées, les jeunes garçons *enmurés ;* les jeunes filles emmenées en esclavage.

Alors s'accomplit la prophétie d'Amos (I, 3-4) : « A cause des trois impiétés de Damas et à cause des quatre, je ne retirerai pas mon arrêt contre cette ville. » En effet corrompus et dans leur esprit et dans leurs sens ils reproduisaient les douloureux enfantements de la mort, le meurtre, la cupidité des richesses, et l'amour des voluptés, et enfin la quatrième [impiété], le manque de confiance en la protection de Dieu.

A cette époque le prince d'Arménie était Aschod, qui gouverna la nation avec gloire pendant quinze ans. Après quoi il fut privé de la vue par Grégoire (Krikor) Mamigonien. Aschod survécut à cette mutilation encore quatorze ans ; il fut enterré dans le village de Tariouns.

Tandis que Merwan régnait, tout en combattant sa propre nation, une armée partit du Khoraçan, sous le commandement d'un certain Abdallah (Aptela), franchit le Tigre et marcha contre le grand campement des Arabes à Agogh'a. Les troupes de Merwan furent attaquées et perdirent 3,000 hommes ; lui-même ayant été atteint fut tué. Abdallah étant monté sur le trône à sa place, envoya son frère qui se nommait aussi 'Abdallah, parcourir tous les pays soumis à sa domination, afin de prélever une capitation sur les vivants et aussi sur les morts. Cet émissaire accabla les populations de maux et de vexations, et les réduisit à la pauvreté. Il forçait les prêtres à déclarer le nombre des morts, afin de faire payer leurs familles pour eux. Il faisait apposer un sceau de plomb au cou de chacun et de chacun il exigeait des masses de zouzès (pièces de monnaie), au point que les gens tombaient dans la dernière misère, par suite des exactions que leur imposait ce misérable bourreau. 12,000 hommes émigrèrent sur le territoire grec, sous la conduite de Schabouh, de la famille des Amadounis et de son fils Hamam. Cependant les ennemis s'étant mis à leur poursuite, les atteignirent sur les limites de Gog'h. Mais les émigrants faisant volte face mirent les Arabes en fuite, puis continuant leur route, ils passèrent le fleuve Akampsis, qui prend sa source dans le Daïk', coule vers le nord-ouest en se dirigeant vers le Pont, dans lequel il se jette. Ayant donné avis à l'empereur Constantin de leur arrivée, il leur assigna pour demeure un excellent et fertile territoire. Les gens du peuple restés dans notre pays, courbés sous un joug pesant, se résignèrent à la servitude, sous les fils d'Ismaël, remplissant auprès d'eux les offices de fendeurs de bois ou de porteurs d'eau.

En ce temps-là le catholicos d'Arménie Esaïe termina dignement sa carrière. Ibn-Togl par la menace et la terreur qu'il inspirait s'étant fait apporter chez lui les trésors et les objets sacrés que contenait l'église s'empara de ce qui lui convint. Etienne ayant acheté à force de présents le pontificat, succéda comme catholicos, à Esaïe.

CHAPITRE CINQUIÈME

EXTRAIT D'UN AUTRE HISTORIEN TOUCHANT LES
AMIR-ALMOUMENIN DES DADJIGS (ARABES) (1).

Ainsi que nous l'avons dit précédemment en 68 de l'ère
arménienne parut Mahommet prophète des Arabes, lequel
gouverna pendant deux ans.

Aboubekr, 60 ans.

Omar, 11 ans.

Othman Ibn Aph'an, 10 ans.

Moawiyah (Mawia), le vieux, 23 ans.

Yézid, 6 ans.

Moawiyah (Mawia) Ibn-Yézid, 1 an.

Merwan, 1 an.

Abd-almelik (Aptelmelk'), Ibn Merwan, 20 ans.

Walid (Velith) Ibn-Abd-almélik, 9 ans, jusqu'en 163 de
l'ère arménienne (714-715).

Après Walid l'amir-almouménin fut Merwan, en 192
de l'ère arménienne (743-744).

Abdallah (Aptela) lequel mourut en 219 de l'ère arménienne
(770-771).

Après lui Mahdi (Mahti) devint amir-almouménin.

Haroun (Aharon), mort en 255 de l'ère arménienne (806-807)

Abdallah II, qui pénétra sur le territoire des Romains.

Haroun dont le frère était Dja'far (Dchaph'r) et qui mourut en 298 (849-850).

Dja'far en 310 (861-862).

Ahmed (Ahmad) qui envoya Ali fils de Yahya (Yahè) en Arménie en qualité d'émir et qui créa Aschod prince des princes en 311 (862-863).

Quoique nous ayons fait d'intelligentes recherches dans les ouvrages historiques des anciens, afin d'en extraire sommairement le récit des événements accomplis, et que ces historiens aient dit la vérité, cependant nous avons trouvé chez eux les noms et les dates des règnes de plusieurs amir-al-mouménins marqués diversement. J'ignore si cela provient de ce que ces princes ont porté un double nom ; ou si, apparaissant l'un à côté de l'autre, redoutables et illustres, ils ont été comptés comme souverains indépendants, et que leurs noms aient été ainsi enregistrés dans l'histoire. Quant à nous, nous avons consigné ici l'ensemble de ces récits afin qu'aucune lacune ne se trouve dans notre livre. Mais sache comme une chose bien avérée, que c'est en l'année 68 de l'ère arménienne et la huitième du règne d'Héraclius que parut Mahomet, et qu'à partir de cette époque commença la domination tyrannique des Arabes sur le monde, en se prolongeant jusqu'en 364 de l'ère arménienne (915-916), jusqu'à la vingt-quatrième année du règne de Sempad, qui fut attaché à une croix et jusqu'à l'avènement de l'empereur Léon fils de Basile. A partir de ce moment, et antérieurement, quoique aucune autre nation n'ait assujetti les Arabes, cependant ils se divisèrent entre eux, et formèrent des partis opposés. Ce ne sont pas seulement ceux qui possédaient des villes considérables qui s'érigèrent en tyrans souverains, mais des chefs qui s'étaient rendus maîtres de petites cités et de forteresses, se proclamèrent indépendants, et ne cessèrent d'être en lutte acharnée les uns contre les autres.

CHAPITRE SIXIÈME

LISTE ET DATES DES RÈGNES DES EMPEREURS GRECS DEPUIS
CONSTANTIN JUSQU'A NOS JOURS.

En la 3ᵉ année de Dioclétien l'Arménie eut pour roi Tiridate (Dertad). Après quoi, Dioclétien se maintint encore
17 ans. Ensuite régna Constantin pendant 32 ans.

Dans sa 2ᵉ année, il transféra le siège de l'empire de la
ville de Rome dans la presqu'île de Byzance; il en fit une
cité forte et considérable, qu'il appela de son nom Constantinople. Ayant pris avec lui une partie des reliques de
saint Pierre et de saint Paul afin de donner une base solide
à son empire, il éleva dans sa ville, la capitale universelle,
une vaste et magnifique église à laquelle il donna le nom
très convenable des [Saints]-Apôtres.

En sa 3ᵉ année il réunit un concile de 318 évêques à
Nicée, en Bithynie contre Arius d'Alexandrie, qui enseignait que le fils de Dieu est une créature.

En sa 7ᵉ année il envoya (Hélène) sa mère à Jérusalem
pour rechercher la croix vénérée de Jésus-Christ. Ce prince
réclama et obtint de Schabouh (Sapor II), roi de Perse,
l'ancienne couronne du prophète David, qu'avait enlevée
le roi Nabuchodonosor de la tête de Jéchonias, fils de

Josias, ainsi que te l'apprend l'histoire écrite par Schabouh le Bagratide, fils d'Aschod l'Antipatrice.

La 20ᵉ année de Constantin correspond à la 291ᵉ de la Passion vivificatrice de Notre-Seigneur.

Après Constantin, ses fils Constance, Constant et Constantin régnèrent sur les Romains et les Grecs 24 ans.

Au temps de ces princes André (Antrê), frère de l'évêque Magnus (Manknos) composa une concordance des calendriers. Cyrille de Jérusalem lui adressa une lettre au sujet de l'apparition de la Sainte Croix.

Le trône fut ensuite occupé par Julien, fils du frère de Constantin, deux ans.

Sous son règne le bienheureux Athanase, patriarche d'Alexandrie, était à Sguth (le désert de Schété), chassé pour la seconde fois par les Ariens.

Julien mourut en Perse, èt fut enseveli à Tarse (Darson) ainsi que le raconte l'historien Socrate. Puis viennent :

Jovien, un an.

Valentinien et Valens 11 ans.

Valens relégua saint Nersès, patriarche d'Arménie, dans l'île de Pathmos (Badmos), ainsi qu'un grand nombre de Pères qui vécurent dans ce lieu des poissons que la mer rejetait sur le rivage.

La 11ᵉ année de Valens mourut le bienheureux Athanase qui était rentré à Alexandrie après en avoir été banni.

Sous le règne de ce prince florissaient les saints docteurs Basile de Césarée, Grégoire de Nysse, son frère, et Grégoire de Nazianze, le théologien.

Gratien, 5 ans.

Sous son règne vécut Epiphane, évêque de Cypre, qui composa un Traité contre les hérésies.

Saint Théodose, 15 ans.

Ce prince réunit à Constantinople un concile de 150 Pères contre Macédonius, qui niait la divinité du Saint Esprit, et qui était mort précédemment.

Arcadius et Honorius, fils de Théodose, 24 ans.

Sous leur règne brillèrent Jean Chrysostôme, Epiphane de Cypre, Ammonius d'Alexandrie, qui rédigea les Index de l'Evangile et Euthalius, lequel fit un admirable travail sur les Écritures et sur les Actes des Apôtres, et sur les Épîtres catholiques, en en composant les préfaces, en y introduisant la division par chapitres, et par parties, en établissant les concordances, et en distinguant les versets.

Théodose, le jeune fils d'Arcadius, 42 ans.

Il tint un concile à Éphèse, composé de 200 saints Pères, contre Nestorius, qui prétendait que Marie était la mère d'un homme, et non la mère de Dieu. Anathématisé, il fut exclu du concile.

Du temps de Théodose vivait saint Ésaïe, patriarche d'Arménie, sous le pontificat duquel l'écriture arménienne formée de 29 lettres fut instituée par Daniel, philosophe syrien. Quant aux sept lettres qui manquaient, elles furent révélées au bienheureux Mesrob de Daron, qui avait imploré l'assistance divine.

Marcien 7 ans.

Ce prince dans la 3e année de son règne, réunit un concile à Chalcédoine, pour venger la déposition de Nestorius, exilé dans le Khoujasdan et qu'il fit revenir. Mais la main de Dieu le frappa, il périt le corps rempli de vers.

Léon le Grand, 17 ans.

Le second Léon, 1 an.

Zénon 1er, 1 an.

Basilisque, 1 an.

Le second Zénon 12 ans.

Celui-ci était un prince glouton. Le jour de carnaval il

se gorgea de manger et de boire jusqu'à l'aurore du jour d'abstinence. A son réveil, il trouva un débris de viande entre ses dents ; car les Romains n'ont pas l'usage après le repas de se rincer et de se nettoyer la bouche, n'employant pas les choses nécessaires à cet usage, comme ce que l'on appelle *oschnan* (saponaire) et ne se servant pas d'eau pure. Alors il prescrivit sous la sanction du patriarche et sous peine d'anathème de ne manger à la fin du carnaval que des mets faits de laitage.

Ce prince adressa à tous ses sujets grecs et romains une lettre qui porte le titre de *Henoticon*, dans laquelle il maudit le concile de Chalcédoine et tous ceux qui confessent deux natures en Jésus-Christ. Il fit rentrer à Alexandrie Timothée qui avait été banni par Zénon Ier.

Zénon II mourut dans sa seconde année.

Anastase, 25 ans. Il partageait les sentiments orthodoxes de Zénon.

Justin, 9 ans. Il accepta le concile de Chalcédoine.

Justinien, 37 ans.

Dans la 14e année de son règne fut établie l'ère arménienne, dans le concile de Tevin. Dans sa 3e année, les Alexandrins instituèrent le cycle de 19 ans, et le 14e jour de la lune pascale avec le cycle de 28 ans, ce qui produit la période de 532 ans.

Justinien chassé par ses troupes, sur quelque léger prétexte, se réfugia auprès du Khakan, roi des Khazirs, et ayant épousé la fille de ce prince il reçut en dot la ville de Ihritia (?). Il revint fort du secours des troupes Khazirs dans sa ville impériale de Constantinople, et reprit possession définitive de son trône. Plus tard il bâtit la grande et magnifique église de Sainte-Sophie.

Justinien, 11 ans.

Tibère, 4 ans.

Sous son règne eut lieu à Constantinople un concile composé d'Arméniens et de Romains, pour fixer la définition de la foi de Chalcédoine et dans lequel les Arméniens eurent le dessous.

Maurice, 20 ans.

On dit que ce prince était arménien de naissance, du district d'Arakadzoden, du village d'Oschagan; et en effet, une fois à Constantinople il n'oublia pas son pays natal. Cette origine explique le proverbe qui circule : Ici à Oschagan il y a de l'encens sous la main.

Sous son règne périt Qrmizt (Hormisdas IV) roi de Perse et Vahram (Varahran VI) monta sur le trône. Khosrov (Chosroès II) fils d'Ormizt s'étant réfugié auprès de Maurice fut baptisé, et par le secours de ce prince rentra en possession de la couronne de son père.

Phocas, qui tua Maurice, 8 ans.

Khosrov (Chosroës II), ayant entrepris de venger ce meurtre, ravagea par le fer et le pillage le territoire grec. Il prit la sainte cité de Jérusalem et emporta la Croix du Sauveur en Perse.

Héraclius, 31 ans.

Dans sa 18ᵉ année, ce prince tua le roi Khosrov, et fit revenir de la Perse la Croix. Cette année coïncidait avec la 77ᵉ de l'ère arménienne (628-629).

A partir de l'année 29 de Tibère où fut crucifié notre Sauveur jusqu'à la 18ᵉ année d'Héraclius et au retour de la Croix rédemptrice, il y a en tout 595 ans; depuis Adam il y en a 5907.

Constantin, 3 ans. Sous son règne les Arabes se rendirent maîtres de la Syrie et firent Jérusalem tributaire.

Constantin fils de Constant et petit-fils d'Héraclius, 19 ans. Dans sa 2ᵉ année, la ville de Tevin fut prise par les Arabes.

Constantin III, 13 ans.

Justinien IV, fils de Constantin, 5 ans.

En la première année de son règne, la nation septentrionale des Khazirs envahit l'Arménie, la Géorgie et le pays des Agh'ouans.

Léon (Léonce), 20 ans.

Absimare [Tibère], 7 ans.

Justinien Rhinotmète, 6 ans.

Philippique, 2 ans.

Artemius.

Théodose, 1 an.

Léon [L'Isaurien], 24 ans.

En sa 12° année les Arabes arrivèrent a Nicée.

Constantin [Copronyme], 33 ans.

Dans sa 21° année, ce prince prit la ville de Garin, en 204 de l'ère arménienne (755-756). Dans sa [vingt]-deuxième année, 205 de l'ère arménienne, elle fut rebâtie par Yézid (Izid), émir d'Arménie.

Léon, 5 ans.

Constantin et Hélène (Érinê) sa mère, 10 ans.

De leur temps, des statues furent érigées à Rome en 237 de l'ère arménienne (787-788). On raconte de ces deux souverains, qu'ayant vu un tombeau en marbre, très haut et très large, et admirant ses vastes proportions, ils donnèrent l'ordre d'en retourner le couvercle, et l'on trouva ces mots écrits dans l'intérieur : — A quoi te sert de me cacher, car au temps de l'empereur Constantin et de sa mère Hélène le soleil me verra.

Nicéphore, 9 ans.

En 260 de l'ère arménienne (811-812), ce prince fit une expédition contre les Bulgares et y périt avec son armée.

Michel, 2 ans. Sous son règne, la Thrace fut ravagée.

Léon [l'Arménien], 5 ans.

L'ennemi s'avança jusqu'à la Porte d'or; un grand nombre de villes furent prises, et la capitale de la Macédoine, Andrinople, fut saccagée.

Léon détruisit les images, il bâtit Byzou (Puzou), Arcadiopolis (Argatoubolis) et Gamar'akh, en 265 de l'ère arménienne (816-817).

Michel, 9 ans.

Sous ce prince arriva Thomas l'imposteur, et il y eut parmi les chrétiens troubles et exterminations, en 272 de l'ère arménienne (823-824). L'empereur Michel ayant combattu Thomas et l'ayant fait prisonnier, lui fit couper les pieds et les mains et le fit mettre en croix. Ensuite Michel ayant porté la guerre contre les Arabes, en détruisit un nombre considérable sur leur flotte fortement équipée et remporta la victoire. Il mourut en 278 de l'ère arménienne (830-831) et eut pour successeur

Théophile, son fils, qui occupa le trône 13 ans.

Sous son règne eut lieu l'arrivée des Horomitians (Romains ou Grecs), Chalcédoniens dans le district de Pasen, lesquels passèrent au fil de l'épée nombre d'habitants et attaquèrent le bourg de Komatzor. Cependant Théophile se rendit dans la Chaldée Pontique (Khagh'dik') passant sur le continent, par un point; il fit prisonniers quantité d'Arméniens avec leurs familles. Ayant conféré le consulat c'est-à-dire le patriciat proconsulaire à Aschod fils de Schabouh, il le laissa dans le district de Sber. Après avoir perçu un tribut des habitants de Théodosiopolis, il s'en retourna. Les Horomitians ayant pénétré dans [le district de] Vanant, au village de Gadjgak'ar, furent taillés en pièces par Sahag, fils d'Ismaël.

La même année Théophile entra dans l'Assyrie et se rendit maître de la ville d'Ourbél (?). Ayant livré bataille aux Arabes à Aschmouschad, il les défit.

Dans une expédition en Orient, aux confins de l'Arménie, il s'empara de la forteresse arménienne de Hmou, d'Asagh'in, de Medzguerd, d'Alpert, dans le district de Kegh'am, ainsi que de Khozan, dans la Quatrième Arménie ravagée par lui et devenue un désert vide de peuples et d'animaux.

Michel, son fils et son successeur, régna 24 ans. Il fut tué en secret par Basile qu'il avait associé à l'empire.

Basile régna après lui, 22 ans.

Il construisit à Constantinople une grande église tout ornée de dorures et qu'il appela les Saints-Guerriers. On prétend qu'il était du district de Daron, originaire du village de Thil.

De son temps, le siège patriarcal d'Arménie était illustre par sa libéralité et par ses travaux littéraires.

Sous son règne, Aschod devint roi de la Grande Arménie.

Ici finit la seconde partie de mon livre, pour recommencer avec la troisième restauration de la royauté arménienne qui forme la suite de ma narration.

ANNOTATIONS

Chapitre Ier. — (1) Quoique l'auteur nous dise ici qu'il a commencé son ouvrage à partir d'Adam, le premier homme créé par Dieu, ce n'est qu'à la nativité d'Abraham, 2016 avant notre ère vulgaire, qu'il fait courir en réalité le fil des événements, en se conformant au système chronologique d'Eusèbe, qu'il suit avec tous les historiens et chronographes arméniens. Voir ci-dessus p. 48-49.

(2) Il n'est pas tout à fait exact de prétendre, comme le fait Açogh'ig, que ce fut l'empereur Héraclius qui porta les derniers corps et mit fin à la monarchie des Sassanides. Mais il l'avait considérablement affaiblie par ses belles victoires sur Khosrov (Chosroès II), Parwêz et ses généraux ; ce furent les Arabes dont les armées irrésistibles détruisirent cette grande monarchie. Héraclius, à son tour, attaqué par eux, et impuissant à leur résister, se vit enlever toutes les provinces orientales de son empire.

(3) Les dates sur lesquelles repose ce triple synchronisme :

1re année de Tiridate II, roi d'Arménie ;

2e année de Schabouh (Schahpour, Sapor II), roi de Perse ;

2e année de l'empereur Dioclétien (1er septembre 285 — 31 août 286). sont inconciliables, et laissent supposer quelque erreur de copiste. La seule date qui soit certaine, est celle de la 2e année de Dioclétien, dont l'avènement et l'intronisation solennelle à Nicomédie sont fixés au 1er septembre 284 par la Chronique Paschale.

(4) Le roi d'Arménie, Tiridate II, dit le Grand, sauvé après la mort violente de Khosrov, son père, et conduit encore tout jeune enfant par le satrape Ardavazt (Artabaze) Mantagoum, à Rome, y reçut une éducation très soignée et se distingua dans les rangs des armées impériales. En maintes circonstances, il donna des preuves de bravoure et de force corporelle extraordinaires.

Protégé des Romains, c'est à Dioclétien qu'il dut la couronne d'Arménie. Il arriva dans ce pays, entouré du prestige de la faveur de ses tout puissants patrons, et avec un contingent de troupes auxiliaires qu'ils lui avaient fourni. Ces circonstances expliquent l'accueil empressé que lui firent les satrapes arméniens accourus au devant de lui, ainsi que le raconte Açogh'ig.

(5) C'est le souterrain appelé Khor Virab (Fosse profonde), situé

non loin d'Ardaschad, ville qui s'élevait sur les bords de l'Araxe, à la jonction de ce fleuve avec le Medzamòr. Dans ce souterrain saint Grégoire l'Illuminateur, vécut plongé pendant treize ans, ou, suivant d'autres, quinze ans, soutenu par un miracle continuel de la Providence et le pain que lui portait chaque jour une pieuse veuve chrétienne.

(6) La belle et touchante légende des saintes filles Hr'ipsimê, Gaianê et de leurs compagnes qui vinrent du pays des Romains, c'est-à-dire des contrées de l'Occident,. en Arménie pour se soustraire aux désirs impudiques et aux persécutions du vieux Dioclétien. Cette légende, racontée tout au long par Agathange, auteur du IVe siècle, a été reproduite d'âge en âge par tous les historiens et hagiographes arméniens (V. le Ménologe, 4 et 6 octobre), elle est encore aujourd'hui l'objet d'une pieuse et naïve croyance dans la nation, où la mémoire des héroïques martyres est conservée comme une des traditions les plus populaires et les plus chères.

(7) Le châtiment divin qui frappa le roi Tiridate et son peuple, et auquel notre auteur fait allusion, consiste dans leur transformation subite et momentanée en sangliers. Il y a là une réminiscence manifeste du sort qu'éprouva jadis le roi de Babylone, Nabuchodonosor.

(8) Ce voyage de Tiridate II et du patriarche saint Grégoire l'Illuminateur à Rome, pour faire visite à l'empereur Constantin le Grand et au pape saint Sylvestre, est un fait très sujet à contestation. Le traité d'alliance qui résulta de cette entrevue et qui nous est parvenu, porte des traces non équivoques d'une composition récente et apocryphe. Il a été publié plusieurs fois à Constantinople et à Venise (1683 et 1692, in-4) et, en dernier lieu, il y a quelques années, à Constantinople, par le vartabed (docteur) Garabed Schahnazarian, qui en nie l'authenticité.

(9) La famille satrapale des Selgounis ou Segh'gounis, descendait d'un chef nommé Sgh'oug ou Slak' (flèche), auquel appartenait la seigneurie de Daron, district considérable de la province de Douroupéran, au nord-est du lac de Van, dans la grande Arménie.

Ce Sgh'oug ou Slak' avait été compris par le roi Valarsace, parmi les nobles arméniens dont les possessions furent érigées en satrapies ; et fut attaché à la cour de ce prince, avec des fonctions analogues à celles de Grand-Veneur. Cf. Moïse de Khoren, *Hist. d'Arm.*, II, 8.

(10) Ogh'agan, mot écrit aussi Ogh'gan ou Ough'gan, forteresse du district de Daron.

(11) La révolte de Selgoun contre son suzerain, le roi Tiridate II, sa mort traîtreusement préparée et exécutée dans une partie de chasse par Mamcoun, chef de la race des Mamigonieus, à l'instigation,

et par l'ordre du roi et l'attribution de ses richesses et de sa princi-
pauté, au meurtrier sont rapportées par Moïse de Khoren. *Hist.
d'Arménie*, II, 84.

(12) Voir pour l'origine et la signification de l'ethnique Koukaratsi,
la note 27 du chap. V, du livre 1ᵉʳ; ci-dessus, p. 73.

(13) Les peuples du Nord, les *septentrionaux,* comme les nomment
notre auteur, ainsi que Moïse de Khoren, étaient les habitants du
Caucase ou des steppes au nord de cette chaîne de montagnes, et
parmi lesquels les principaux étaient alors, les Passils ou Basiliens
(Scythes royaux), les Khazirs ou Khazars, les Alains, les Huns et les
Bulgares.

De temps en temps, ces hordes faisaient irruption dans les fertiles
contrées de l'Arménie pour les piller et quelquefois aussi pour s'y
établir. Elles arrivaient les unes par la Porte des Alains ou passage
de Dariel, au centre du Caucase, les autres par la Porte de Djor, ou
des Huns, le défilé de Derbend, à l'extrémité orientale, du Caucase
sur les bords de la mer Caspienne. Le roi Tiridate, après avoir rem-
porté sur les Passils et les Khazirs un triomphe signalé mais chère-
ment acheté, dut probablement faire alliance avec eux et se les attacher comme auxiliaires. C'est avec eux en effet que nous le voyons
dans une autre circonstance, marcher contre le roi de Perse, Sapor Iᵉʳ.
— V. Moïse de Khoren, II, 58, 65, 70 et 85 et Zènob de Klag, *Hist.
du pays de Darón.* dans la *Collection des historiens anciens et modernes
de l'Arménie*, de Victor Langlois, T. I, pp. 354-355.

(14) Pakarad, de la famille des Pakradounis ou Bagratides, était
commandant du corps occidental de l'armée arménienne, il portait le
titre héréditaire dans cette famille, d'Asbed ou Asbabed, c'est-à-dire
grand maître de la cavalerie ou général en chef. Un autre privilége des
Bagratides était de poser le diadème sur la tête des rois d'Arménie
dans la cérémonie de leur couronnement. Ce privilége, qui conférait
à celui qui en était investi le titre de Thakatir (Poseur de couronne),
se maintint, en passant à d'autres familles jusque dans le moyen âge,
à la cour des souverains de la Petite Arménie. C'est en qualité de
commandant de l'un des quatre corps de l'armée territoriale que Pakarad prit part aux guerres de Tiridate contre le roi de Perse, Sapor.
Son collègue et compagnon d'armes était Mihran, fils de Sapor, gouverneur de Géorgie et toparche (pteschkh) du pays de Koukark', lequel
avait embrassé la religion chrétienne. Il fut la tige des souverains
d'Agh'ouanie et de ceux de Georgie, connus sous le nom de Mihra-
nians, d'origine Sassanide. Cf. Moïse de Khoren, II, 85 et 86, et
Brosset, *Histoire de Georgie*, 1ʳᵉ partie, p..80-82.

(15) La famille satrapale des Reschdounis ou Rouschdounis possédait

comme seigneurie patrimoniale le territoire de ce nom, dans la province de Vasbouragan, au sud-est du lac de Van. Vahan, l'un des quatre généraux ici nommés, au service du roi Tiridate, commandait le corps oriental de l'armée arménienne. Il descendait d'un certain Manovaz, Manavaz ou Mànou, fils de Haïg. Il fut établi par le roi Valarsace, le premier des Arsacides d'Arménie, comme chef héréditaire du pays situé à l'est du district de Vanant, au pied du mont Arakadz, dans le nord de la Grande Arménie. Moïse de Khoren, III, 6.

(16) Voir mes *Recherches sur la chronologie arménienne, technique et historique*, t. Ier, p. 47, où j'ai déterminé la date de l'avènement de saint Grégoire l'Illuminateur, comme catholicos ou patriarche d'Arménie à l'année qui correspond à septembre 303 — septembre 304 de notre ère. Ayant résigné ses fonctions de premier pasteur de l'Arménie, il se retira dans l'antre de Mani, au milieu des âpres solitudes du mont Sébouh, où il mourut ignoré de tous. Il fut remplacé sur le siège pontifical par son fils cadet Resdaguès (Áristacès) en 333, lequel à son tour eut pour successeur, vers 340, son frère aîné Verthanès.

(17) Le patriarche Verthanès siégea depuis la cinquante-quatrième année de Tiridate II jusqu'à la troisième année du roi Diran II, petit-fils de ce dernier (Moïse de Khoren, III, 2), c'est-à-dire, à partir de 340 ou 341 (*V.* la note précédente), pendant quinze ans environ. Cf. Tchamitch, t. III, tables, p. 109.

(18) Ce long règne de Tiridate II (56 ans), attesté par tous les historiens arméniens, correspond à l'intervalle écoulé de 286 à 341 de Jésus-Christ. Notre auteur ajoute que ce prince mourut un peu avant Pâques, par conséquent dans le troisième ou quatrième mois de 341.

(19) Le titre de *diguin dignats* « dame des dames » ou « reine des reines », désigna à la cour d'Arménie, sous les Arsacides, ainsi que sous les Bagratides, et plus tard au moyen-âge sous les rois Roupéniens de la Cilicie, la reine mère ou reine douairière.

(20) Amaras ou Amarêh, bourg (avan) du district de Hapant ou Petite Siounik', dans la province d'Artzakh. Il était situé sur l'Araxe, un peu avant la jonction de ce fleuve avec le Gour (Cyrus). Cf. le R. P. Léonce Alischan, *Topographie de la Grande Arménie*, § 175.

(21) Khosrov ou Chosroes II, dit Le Petit, fils de Tiridate II et de la reine Aschkhên, ainsi surnommé à cause de sa taille exigue et de sa faiblesse physique et morale. Cf. Moïse de Khoren, II, 33 et III, 5, 6 et 8.

(22) Moïse de Khoren, III, 5, qualifie cet Antiochus envoyé par l'empereur Constance pour placer Khosrov II sur le trône, de curateur ou préfet, *'artaritch*, du palais impérial, fonctions qui plus tard furent désignées par le titre de curopalate.

(23) Saint Jacques, évêque de Nisibe, proche parent de saint Grégoire l'Illuminateur et l'un des plus illustres pères et confesseurs de l'Église syrienne. Cf. M. Khor, II, 86, 89, et III, 7.

Les Homélies publiées en arménien, par le cardinal Antonelli, sous le nom de saint Jacques (Rome, 1756, in-fol.), ont été reconnues comme n'étant pas de lui, mais d'Aphraotès, le sage Perse, qui les écrivit en Syriaque.

(24) Il y a ici une erreur de date. Ce n'est pas la troisième année, mais bien la huitième de l'empereur Constance, fils de Constantin le Grand, dans laquelle Khosrov le Petit, monta sur le trône d'Arménie. L'avènement de Constance ayant eu lieu en 339, au partage de l'empire avec ses deux frères Constantin II et Constant, si l'on ajoute à ce dernier chiffre celui de huit ans énoncé par Moïse de Khoren, on aura l'année 344 écoulée et 345 en cours qui est la date exacte du règne de Khosrov II. Ce chiffre a été adopté par Tchamitch, *Histoire d'Arménie*, t. III, tables, p. 106, Dynastie des Arsacides.

(25) Açogh'ig ne fait que répéter ici ce que dit Moïse de Khoren (III, 8) que le nom de la ville de Tevin (Tibion et Doubios des Byzantins) est un mot perse, signifiant en arménien, *plour*, « colline. » Ce mot n'existe plus dans le persan actuel, du moins sous une forme reconnaissable. La ville de Tevin reçoit quelquefois l'épithète *d'osdan* (royale), parce qu'elle fut la capitale de l'Arménie, sous les derniers Arsacides, et ensuite sous les gouverneurs perses (marzbans) et les préfets arabes (osdigans) qui leur succédèrent. Elle se trouvait au nord de la ville d'Ardaschad, sur le Medzamôr, un des affluents septentrionaux de l'Araxe, et était comprise dans l'Ararad, l'une des plus considérables des quinze provinces de la Grande Arménie.

(26) Oschagan, forteresse et village du district d'Arakadzoden (Pied du mont Arakadz), dans le nord de la province d'Ararad, ce district s'étend depuis cette montagne jusqu'à l'Araxe, au sud.

(27) L'Église cathédrale ou Gathoghiguê (Katholicê) de l'Arménie, est la grande et célèbre église d'Edchmiadzin, la plus ancienne, la plus vénérée de toutes celles que possède ce pays et dont la fondation remonte à saint Grégoire l'Illuminateur. Elle tient au couvent du même nom, où réside le catholicos ou patriarche suprême de la nation.

(28) La forteresse d'Ani, vulgairement Gamakh, qu'il ne faut pas confondre avec Ani la ville royale des Bagratides, située beaucoup plus à l'est, dans le district de Schirag, province d'Ararad, la forte-

resse d'Ani s'élevait sur la rive occidentale de l'Euphrate dans la province de Haute Arménie au district de Taranagh'i (Mines de sel). C'était le lieu où les souverains Arsacides conservaient leurs trésors et leurs archives et avaient leur sépulture.

(29) La dix-septième année de l'empereur Constance, fils de Constantin le Grand, nous donne la date de 353 pour l'avènement de Diran II, roi d'Arménie. Constance ayant commencé à régner en 337 (V. ci-dessus note 24), sa dix-septième année coïncide avec cette date de 353, adoptée avec raison par Tchamitch, *Histoire d'Arménie*, t. III, tables, p. 106.

(30) Les premiers patriarches d'Arménie allèrent recevoir l'onction épiscopale du métropolite ou archevêque de Césarée de Cappadoce ; de qui, il semble, qu'ils relevaient. Cet usage subsista jusqu'au patriarche Schahag (384-386) qui fut consacré par les évêques d'Arménie réunis pour cette cérémonie. Depuis cette époque l'Église arménienne fut et resta autocéphale. V. Tchamitch, *Histoire d'Arménie*, livr. II, annot. II, 47, t. I, p. 728.

(31) Le couvent appelé Hatsiats-Trakhd (Jardin des frênes) était sur les confins du district de Daron.

(32) Le synchronisme de la deuxième année du règne de Diran II et de l'élévation de Ph'ar-Nerseh sur le siège patriarcal est faux ; il faut lire la dixième année de Diran, qui correspond à 362, date vraie de l'intronisation de ce prélat (Moïse de Khoren, *Histoire d'Arménie*, III, § 16).

(33) L'avènement d'Arsace, fils de Diran est marqué par Tchamitch (t. III, tables, p. 106) à l'année 363. Si on a égard au temps et aux circonstances historiques on est conduit à supposer que c'est le même souverain qu'Ammien Marcellin (xxx, ɪ, 1) appelle Para et dont il dit, « Para Armeniorum rege clandestinis insidiis obtruncato. »

(34) Dirith était de la race royale des Arsacides, petit-fils de Diran II et neveu d'Arsace II. Il avait été donné en otage à l'empereur Julien qui l'interna à Byzance. Envoyé par son souverain vers le roi de Perse, Sapor II, et ayant échoué dans sa mission, il fut assassiné à son retour par l'ordre d'Arsace. Moïse Khoren, III, 13, 21, 22, 23 et 25.

(35) Antog ou Antiochus, prince de Siounik', se distingua par son expédition en Perse, en conduisant son armée jusqu'à Ctésiphon qu'il pilla et ensuite par la vigoureuse résistance qu'il opposa dans les murs de Dikranaguerd (Amid), à tous les efforts de Sapor II pour prendre cette place (Moïse de Khoren, III, 26 et 28). Il était père de la fameuse Ph'arantzem, femme ambitieuse qui parvint à se faire épouser par le roi Arsace II. Celui-ci s'étant défait par un meurtre de son neveu Knel,

premier mari de Ph'arantzem, probablement sa complice, la fit asseoir à côté de lui sur le trône de cette princesse. La vie et la fin dramatique de cette reine, que les Perses firent périr en lui faisant subir les plus honteux outrages, sont racontés par Faustus de Byzance, IV, 55 et Moïse de Khoren, III, 31 et 35 ; Ammien Marcellin, XXVII, 12.

(36) Arsace II fut dirigé, chargé de chaînes par ordre de Sapor II, dans le Khoujasdan (Khouzistan) et renfermé dans le château de l'Oubli (An'ousch-pert). Moïse de Khoren, III, 35 ; Faustus de Byzance, IV, 23 et 54 et Jean Catholicos.

Cette prison est mentionnée sous le même nom (Lêthês Phrourion) par Procope, *Bell. Pers.* 1, 5 ; Agathias, IV, p, 138, et par Cedrénus, t. I, p. 355 et 396, édit. du Louvre.

(37) Le château d'Ardakers ou Ardakerits (au génitif pluriel), forteresse très ancienne, située dans le district d'Arscharounik', province d'Ararad, avait été rebâti par le roi Arsace II qui y déposa ses trésors et en fit une de ses places fortes. *Artageras* de Strabon, *Artagera* de Velleius Patercule, *Artagigarta* de Ptolémée et *Artogerassa* d'Ammien Marcellin.

(38) Mehroujan, de la famille des Ardzrounis, avait renié la religion chrétienne pour embrasser le magisme, et s'était mis au service du roi de Perse, Sapor II. Il fut le persécuteur de ses compatriotes, et leur fit toute sorte de mal. Battu à la bataille de Tzirav et tombé entre les mains du général arménien Sempad, celui-ci le fit périr en lui plaçant sur la tête une lame de fer rougie au feu et repliée en forme de couronne, par dérision des prétentions de l'apostat au trône d'Arménie. Moïse de Khoren, III, 29, 35, 39 et 54.

(39) Le général Anatolius qui fut alors envoyé en Arménie avait le titre de préfet du Prétoire d'Orient ; il fut ensuite nommé consul et patrice. Il fut un de ceux qui conclurent la paix avec le roi de Perse, Vahraran V (Behram Gour). Il paraît qu'il remplit un rôle assez important dans l'État, puisqu'il existe une loi qui lui fut adressée par Théodose II, sous la date du 2 des kalendes de juillet (30 juin) 443. Cf. Tillemont, *Histoire des Empereurs*, t. VI, pp. 45-102.

(40) C'est le bras oriental de l'Euphrate, qui en se grossissant de divers affluents va, dans la direction du sud-ouest, se joindre à l'Euphrate méridional (Arsanias, Aradzani), auprès de Khozan, ville et district de la Quatrième Arménie.

(41) Sur les ruines et l'état actuel de Théodosiopolis, V. le P. Léonce Alischan, *Topographie de la Grande Arménie* § 44. Cette ville à laquelle le général romain Anatolius donna le nom de Théodose II, portait anciennement, chez les Arméniens, celui de Garin, et ensuite au Xe siècle, elle reçut la dénomination arabe d'Arzen-Erroum ou

Arzen des Romains pour la distinguer d'une autre ville homonyme. C'est la moderne Erzeroum, capitale du pachalik de ce nom.

Cf. Luc Indjidji, *Arménie ancienne* p. 27-34, où ce savant religieux a réuni chronologiquement tous les passages des écrivains arméniens relatifs à l'histoire de Garin-Théodosiopolis ; et Saint Martin, *Mémoires hist. et géogr. sur l'Arménie*, T. I, p. 66-68.

(42) Saint Basile le Grand, archevêque de Césarée, l'un des plus illustres docteurs de l'Église grecque, et auteur de la règle monastique adoptée et encore suivie par tous les couvents de l'Orient. Comme sa mort est fixée à 379, il faut faire remonter de deux ou trois ans l'avènement synchronique de Bab, roi d'Arménie, que Tchamitch (*Hist. d'Arménie*, T. III, tables, p. 106) a retardée jusqu'en 381.

(43) Le patriarche Schahag occupa le siège quatre ans, suivant Moïse de Khoren, III, 39 ; Tchamitch (Tables p. 109) indique 2 ou 3 ans. Il appartenait sans aucun doute par sa naissance et son éducation au clergé syrien, dans les rangs desquels les rois sassanides de Perse allaient chercher leurs candidats aux fonctions de chefs de l'église arménienne, pour les opposer aux descendants directs de saint Grégoire l'Illuminateur qui était de race arsacide.

(44) Açogh'ig attribue à Zavên quatre ans de pontificat. Tchamitch varie entre les chiffres, 1, 2 ou 4 ans. En général, la chronologie des premiers catholicos ou patriarches d'Arménie est très incertaine, et par suite de la divergence des chiffres, impossible à rétablir aujourd'hui avec exactitude.

(45) Asbcrouaguês était, ainsi que ses deux prédécesseurs Schahag et Zavên étranger à la famille patriarcale de saint Grégoire l'Illuminateur, et par suite considéré avec eux comme illégitime. Il siégea 3 ans, 5 ans ou 7 ans.

(46) Nous savons que le roi d'Arménie Khosrov, troisième du nom se rattachait à la famille des Arsacides, mais d'une manière indirecte, et n'avait d'autre droit à la couronne que la faveur et la volonté du roi de Perse.

Le royaume fut alors divisé en deux parties, l'une occidentale, l'Arménie grecque qui échut à l'empereur Arcadius, et l'autre à l'Arménie orientale ou perse dont s'empara Behram Kirman-Schah. (Moïse de Khoren, III, 1). Ce fut le commencement de la fin de la patrie arménienne. Le règne de Khosrov III fut de 3 ans (dans Tchamitch, 5 ans) : remplacé par son frère Vr'am Schabouh (Vahram Sapor) pendant 15 ans (Tchamitch, 21 ans), il remonta sur le trône, mais il ne s'y maintint que 8 mois.

(47) Nersès dit le Parthe (Parthev), et surnommé le Grand, parce qu'il s'illustra pendant son pontificat, comme coopérateur du roi

Vahram Sapor dans la propagation des études religieuses et littéraires et l'organisation des écoles populaires, en Arménie. (Voir ci-après note 49.)

(48) V. pour la durée du règne de Vr'am Schabouh, ci-dessus note 46.

(49) Mesrob dit aussi Maschdots, le promoteur glorieux de la rénovation intellectuelle qui au Ve siècle dota l'Arménie d'un nouvel alphabet parfaitement adapté à l'idiome pour lequel il fut inventé, ou plutôt perfectionné, de la version des Livres saints faite sur les meilleurs exemplaires du texte des Septante, d'une littérature nationale, et qui fit entrer son pays dans le mouvement des doctrines du christianisme hellénique et le courant de la civilisation occidentale. Le nom de Mesrob est inséparable des noms du patriarche saint Sahagt et du roi Vr'am Schabouh, qui n'épargnèrent rien pour le seconder dans ses infatigables et patriotiques travaux. V. Moïse de Khoren III, 49, 52, 57, 59, 61, 65 et 67.

(50) Le village de Hatségats, ou Hatsig, Hats et Khats faisait partie du district de Daron, au nord ouest du lac de Van.

(51) Açogh'ig nomme plus loin p. 108 les deux principaux disciples de saint Mesrob, le prêtre Joseph de Bagh'in et l'évêque Eznig de Gogh'p, auteur d'un ouvrage classique dans la littérature arménienne et des plus curieux, la *Réfutation des sectes hétérodoxes*, les plus répandues de son temps. Cet ouvrage, plusieurs fois réimprimé à Constantinople et à Venise, a été traduit en français ou plutôt défiguré par Levaillant de Florival.

On peut voir dans la *Monographie* de Gorioun (Langlois, *Collec. des histor. anc. et modernes de l'Arménie*, T. II, p. 25), l'un des compagnons de Joseph et d'Eznig, la liste complète des nombreux disciples et collaborateurs de saint Mesrob.

(52) Daniel, évêque de la Mésopotamie, possédait un ancien alphabet arménien dont nous ne savons rien, sinon qu'il était calqué, pour la forme des lettres et leur disposition sur l'alphabet syrien. (Moïse de Khoren III, 2.) Il est probable que ce dernier alphabet, propagé par les prêtres syriens de l'ancienne école d'Edesse et plus tard par les Nestoriens, avait été, dans l'origine appliqué à la langue arménienne comme il le fut au zend et ensuite à l'Oïgour. Mais dans l'Arménie occidentale, qui relevait de l'empire byzantin, ce sont les caractères grecs qui avaient prévalu.

(53) Suivant les calculs d'Açogh'ig, la 6e année du roi Vr'am Schabouh, roi d'Arménie, correspond à la première année de · Vahram Kirman-Schah, roi de Perse. Celui-ci étant monté sur le trône en 396 (Agathias, IV, 24), nous avons par conséquent 390 de l'ère chrétienne

pour la date de l'avènement du souverain arménien. Tchamitch (t. III, tables, p. 106) le place en 392.

(54) Gorioun, *Biographie du saint docteur Mesrob, publiée en armé-nien* par les RR. PP. Mekhitharistes de saint Lazare, Venise, 1838 et 1854, traduite en français par M. Emin de Moscou et insérée dans le Tome II de la *Collection des historiens arméniens* de V. Langlois, pp. 9-16. On y lit les détails les plus circonstanciés, sur l'invention de l'alphabet arménien de saint Mesrob, et les travaux de ce savant doc-teur, dont Gorioun était l'élève.

(55) L'historien Lazare de Ph'arbe est aussi très explicite (pp. 24-33 éd. de Venise in-12, 1793) sur les travaux littéraires et apostoliques de saint Mesrob, sur les établissements d'instruction publique et les écoles d'interprètes qu'il fonda, sur la version des Livres saints exécu-tée sous sa direction.

(57) Des trois alphabets arméniens, géorgien et agh'ouan que mit en usage saint Mesrob, le dernier des trois s'est perdu et ne nous est pas connu. Celui que prétendit avoir découvert le savant et respecta-P. Boré (*Lettres et correspondance d'un voyageur en Orient*) n'est qu'une suite de caractères de fantaisie, parmi lesquels on en remar-que quelques-uns qui sont réellement arméniens, mais de la forme appelée *nôdrakir*, « écriture de notaire ou de chancellerie, » dont l'in-vention ou du moins l'usage ne date au plus tôt que de la fin du XVIe siècle. La mission de saint Mesrob chez les Georgiens et les Agh'ouans est racontée par Moïse de Khoren, III, 34.

(57) Le second règne de Khosrov III fut de 8 mois, suivant Tcha-mitch qui fixe pour cette restauration la date de 414. (T. III, tables, p. 106). Notre auteur dit *un an seulement*.

(58) Au sujet des deux principaux disciples ou collaborateurs de saint Mesrob Joseph de Bagh'in et Eznig de Gogh'p. v. ci-dessus la note 51.

(59) Le Prêtre Léonce, l'un des plus savants disciples de Mesrob, souffrit le martyre avec le patriarche Joseph et autres saints prê-tres par ordre de Ten-Schabouh, général de l'armée perse en Armé nie. Les deux historiens Elisée et Lazare de Ph'arbe rapportent d'une façon très émouvante l'interrogatoire et le supplice que subirent ces intrépides confesseurs. — Voir V. Langlois, *Collection*, T. II, pp. 202-242 et 266-320. Tchamitch, T. II, pp. 99, 104-112 et Annotat. du 3e Livre, T. II, pp. 465-468.

(60) Saintes Hripsimê, Gaianê et leurs compagnes dont il a été déjà question, ci-dessus, note 6. — Deux églises consacrées chacune sous l'invocation de l'une de ces saintes s'élèvent à côté et au nord de la cathédrale d'Edchmiadzin, d'où le nom de Le tre Chiese donné à ce

lieu et mentionné par le florentin Balducci Pegolotti (XIVe siècle), dans sa *Pratlica della mercatura*, et en turc, *Utch Kilissé.*

(61) Ce furent les dénonciations envenimées et incessantes des satrapes arméniens contre leur roi Ardaschès ou Ardaschir et le patriarche saint Sahag, auprès du roi de Perse Vahram Kirman-Schah, qui irritèrent ce prince et le déterminèrent à donner l'ordre à Ardaschés et à saint Sahag de se rendre à sa cour (Porte royale), afin de se justifier et répondre à leurs accusateurs. Vahram, peu satisfait à ce qu'il paraît de leurs réponses, fit renfermer le roi d'Arménie dans la prison d'Etat du Khoujasdan (Khouzistan), la *Forteressse de l'Oubli*, et dépouilla le patriarche de son autorité et de ses biens. Plus tard il rendit à ce dernier sa liberté et le renvoya en Arménie, mais en lui adjoignant un assesseur, le syrien Samuel, qui avait la haute main sur toutes les affaires de l'Eglise et de l'Etat.

(62) Khoujasdan, le pays des Khouj. Le mot *khouj*, signifie en arménien *barbare, sauvage* et *Khoujatouj*, une tourbe confuse de nations nomades et barbares. Le Koujardan est situé dans dans le Sud-Ouest de la Perse, le Khouzistan actuel.

(63) Moïse de Khoren nomme ce personnage qui était syrien *Perkischo* ou *Barkischo*; mais la véritable leçon est celle que nous fournit Açogh'ig *Abd-Ischo*, « Serviteur de Jésus ». On voit par cette nomination d'un étranger, la persistance de la cour de Ctésiphon à imposer aux Arméniens des patriarches d'une nationalité et d'une communion religieuse qui n'étaient pas la leur.

(64) Voir Moïse de Khoren, III, 68. Ce chapitre en forme d'éligie sur les malheurs de l'Arménie, privée à la fois de la famille royale des Arsacides, et de la famille sacerdotale, issue de la même race par saint Grégoire l'Illuminateur, termine la grande composition du *Père* et du plus illustre des lettrés arméniens, *K'erthoghahaïr*, au moins telle que nous la possédons aujourd'hui.

(65) La princesse Tekhdig ou Tesdrig (petite fille, fillette) en épousant Vartan le Grand, le héros de la résistance nationale contre Yazguerd II, roi de Perse, était devenue ainsi par alliance princesse de la puissante et noble famille des Mamigoniens.

(66) Le district de Kagh'akou' Taschd (Plaine de la ville) renfermait, comme son nom l'indique, la ville de Valarsabad, et était compris dans la province d'Ararad.

(67) La 24e année de Théodose le jeune est 431, ce qui nous donne, pour le commencement de la dynastie des Arsacides d'Arménie, l'an 128 av. J. C. Ce calcul est trop court de sept ans au moins, car Ptolémée Evergète II, roi d'Egypte, étant monté sur le trône le 28 septembre 146 (Clinton, *Fasti hellenici*, T. III, 2e édit.), sa douzième

année correspond à 135. Tchamitch, *Hist. d'Arménie*, T. III, tables
p. 106 et Saint Martin d'après lui (*Mém. histor. et géogr.*, T. I, p. 410)
ont placé l'avènement de Valarsace, le fondateur de la dynastie des
arsacides arméniens, à l'an 149 av. J. C. Mais cette détermination
est purement approximative et en la fixant au milieu du second siècle
avant notre ère, c'est le calcul le plus vraisemblable qu'il soit possible d'obtenir par la combinaison des circonstances historiques sur
lesquelles on l'appuie.

CHAPITRE II. — (1) Vartan surnommé le Grand, de l'illustre famille
satrapale des Mamigoniens, décoré par l'empereur Théodose II du
titre de stratélatès (général) et par le roi de Perse du titre de sbarabed (généralissime), avec la mission de gouverner l'Arménie ; se
révolta contre Yazguerd II, prit les armes; mais trahi par la plus
grande partie de son armée, il fut vaincu et périt à la bataille d'Ava-
rair, en 451 de J.-C. voir ci-après, note 6.

(2) V. notre notice sur l'historien Elisée, liv. 1er, chap. 1er, note 10
ci-dessus p. 52. Secrétaire du général Vartan, et évêque du district
des Amadounis, il assista aux guerres de l'indépendance arménienne
contre la Perse et s'en est fait le narrateur fidèle et très élégant.
Mort vers 480.

(3) Hogh'otsim ou Khogh'otsim, village du district de Vaiots-Tzor
province de Siounik', dans l'est de la Grande Arménie.

(4) Le premier concile tenu à Schahabi-Van en 447, sous le catholicos Joseph, pour redresser et ramener les dissidents (chalcédoniens),
qui persistaient dans leur opposition, et où furent établis vingt canons
relatifs aux amendes à payer pour les infractions à la discipline ecclésiastique. Tchamitch, *Hist. d'Arménie*, T. II, p. 16-18.

(5) Yazguerd II, roi de Perse, surnommé par les Arméniens
Dchakhdchakh, « le Fracasseur ou Exterminateur », parce qu'il leur
suscita des guerres continuelles et des persécutions atroces pour les
forcer à abjurer la religion chrétienne et à embrasser le magisme.

Son règne fut de 17 ans 4 mois (suivant Agathias, de 445 à 464).

(6) Avaraïr est un village qui donne son nom à la plaine environ-
nante, dans le district d'Ardaz, province de Vasbouragan, au sud du
Massis ou Ararad.

(7) Dans mes *Recherches sur la chronologie arménienne*, t. I, p. 203-205, j'ai calculé cette date du martyre du patriarche Joseph et des prêtres ses compagnons, en la plaçant au dimanche 26 du mois arménien de hrodits ou juillet 453-454.

(8) Le nom de l'empereur Marcien est toujours accompagné de l'épithète de *maudit*, chez les Arméniens, à cause de sa partialité en faveur de la doctrine du concile de Chalcédoine sur les deux natures en J. C., doctrine qu'ils rejettent, comme entachée de Nestorianisme.

(9) Le célèbre historien et rhéteur arménien, Moïse de Khoren. Voir la note 9 du chapitre Ier de notre premier livre.

(10) Antoine dit aussi Thathoul, fut un des disciples de saint Mesrob, Maschdots, au cinquième siècle.

(11) Le couvent de Thathoul (Thathlo'-vank') était situé au district dit Kapégh'ian, dans une localité appelée Kazanadzagk' (Repaire des bêtes féroces) non loin de Gagh'zouan, province d'Ararad.

(12) Vahan frère de Vartan et son successeur dans le gouvernement de l'Arménie, aussi habile stratégiste, que brave dans l'action et homme d'État consommé. Après avoir vaincu les Perses dans une foule de combats, il fit la paix avec Valarse ou Vologèse, roi de Perse, qui le nomma marzban d'Arménie.

Ses prouesses et les actes de son gouvernement sont racontés par l'historien Lazare de Ph'arbe témoin contemporain et souvent oculaire. Vahan est sans contredit la plus forte tête politique qu'ait produite l'ancienne Arménie.

(13) Le patriarche Jean Mantagouni, l'un des plus savants docteurs de l'église arménienne, monta sur le siège en 480 et l'occupa 6 ans, suivant notre auteur, 6 ans et 6 mois d'après Tchamitch. (Liste des Catholicos ou patriarches d'Arménie. *Histoire d'Arménie*, t. III, tables p. 109).

(14) Diar'nenthak (Couronne du Seigneur) est mentionné aussi par l'historien Vartan. Il fut mis à mort par ordre du général perse Hazaravoukhd. (Voir ci-après note 16). Après son martyre, ses reliques furent recueillies et transportées dans le district de Schirag, au village de Per'nos, où fut érigée une église en son honneur. Cf. Tchamitch, t. II, p. 189.

(15) Le village de Galots était compris dans le district d'Eraskatzor (Vallée de l'Araxe) ou Arscharounik', en vulgaire Aschornêk', province d'Ararad, sur le bord méridional de l'Araxe.

(16) Le général perse Zahrmihr ou Zarmihran Hazaravoukhd, envoyé par le roi Béroz, contre Vahan, chef de l'insurrection arménienne, lequel triompha de tous ses efforts pour le soumettre et s'emparer de sa personne.

(17) Vagh'arsch ou Vologèse, roi de Perse, monta sur le trône aussitôt après la mort de son frère Béroz, tué dans une expédition contre les Huns Hephthalites en 489.

Lazare de Ph'arbe nous apprend que les Grands de la Porte royale, s'étant rassemblés sous la présidence de Hazaravoukhd décernèrent la couronne à Valarse, en lui déclarant qu'ils le choisissaient pour leur souverain à cause de ses mœurs douces et faciles et de son amour de la justice, qualités qui formaient un contraste complet avec le caractère capricieux et hautain de son frère Berose.

Ce récit nous montre que lorsqu'il y avait interruption dans la filiation directe des rois sassanides, les Grands avaient la faculté d'élire tel membre de cette famille qu'ils jugeaient le plus digne.

(18) Le sceau des rois sassanides portait l'image d'un sanglier, *varaz*, animal symbolique et sacré. De là tant de noms propres ou entre ce mot comme élément composant, en signe de consécration au sanglier et qui étaient autant en vogue chez les Arméniens comme en Perse. Tels que : Varaz-Tad, *donné par le sanglier*, Schahr Varaz *le sanglier royal* ; Varaz-Dirots, Varaz-Tên, Varaz-Nerseh, Varaz-Sapor, Varaz-Vagh'an, Varaz-Vatchê, Varaz-K'ourtag (noms d'hommes) ;. Varaz-Guerd (nom de lieu) etc., etc.

(19) Antégan, gouverna l'Arménie avec le titre de marzban pendant un an, de 484 à 485.

(20) Le titre de marzban, signifiait en parsi comme en persan moderne, *gardien de marche ou frontière*, dans le même sens que le mot *marquis* dans l'Europe occidentale au moyen âge.

(21) Mamprê surnommé Verdzanôg, *le lecteur*, frère de Moïse de Khoren, et auteur de deux discours, l'un sur la Résurrection de Lazare l'autre sur la fête des Rameaux, imprimés à Venise, chez les Mekhitharistes de saint Lazare, 1833 et 1842. — V Patkanian. *Catalogue de la littérature arménienne*, Saint-Pétershourg, 1860, brochure in-8, p. 83.

(22) Hérian, village du district de Hark', dans la province de Douroupéran, au N.-E. du lac de Van.

(23) Les *K'aroz* sont les prédications ou les invitations que prononce le diacre dans le cours de la liturgie et de l'office de l'Église arménienne.

(24) Voici les dates qu'assigne Tchamitch à la succession des six patriarches, ici énumérés par Açogh'ig :

480, Jean Mantagouni.

487, Papguên.

492, Samuêl.

502, Mouschê.

510, Sahag.

515, Christophe (K'risdaph'or).

(25) L'église d'Edchmiadzin, la cathédrale de toute l'Arménie, Saint-Pierre de Rome pour la nation arménienne. Il en a été question précédemment, chap. 1er, p. 102 et *ibid.* note 27. Lazare de Ph'arbe lui donne déjà ce titre au Ve siècle, p. 308, éd. de 1793, Venise in-12.

(26) Le couvent de Sourên (Sourena'-Anabad), était situé dans le petit district de Salahounik', au sud de Garin (Théodosiopolis, la moderne Erzeroum), non loin du cours supérieur de l'Euphrate.

(27) Les Alans ou Alains s'étaient infiltrés par les steppes du Kouban et du Térek au nord du Caucase, dans l'intérieur de la chaîne, d'où ils se répandaient continuellement dans les belles et riches contrées de l'Arménie. Moïse de Khoren mentionne leurs incursions dévastatrices et leurs rapports hostiles, quelquefois pacifiques avec les souverains arméniens. (Voir dans son *Histoire d'Arménie* II, 49. 50-52, le charmant épisode du mariage du roi Ardaschès, avec Sathinig, la vierge des Alains, fille de leur roi épisode qui est une véritable idylle, création de la muse populaire, dont Moïse nous a conservé un très précieux fragment.)

Les descendants actuels des Alains se retrouvent sous le nom d'Ossètes, parmi les tribus du Caucase dont ils occupent la partie centrale, sur le territoire que traverse le défilé, appelé de leur nom *Défilé des Alains* ou *Passage de Dariel*. Ce passage ne doit pas être confondu, comme cela est arrivé souvent, avec celui qui est à l'extrémité orientale du Caucase, sur la mer Caspienne, et qui était désigné dans l'antiquité sous la dénomination de Porte de Djor (*Zour* dans Procope. (*Bell.Goth*, IV), de *Porte des Huns* ou *des Caspiens* (*Gasp*), aujourd'hui *Bab-alabouâb* ou *Derbend*.

(28) Il doit être question ici de l'éclipse solaire qui est mentionnée dans la Chronique de Marcellinus Comes, comme ayant eu lieu en 497, date qui correspond à la 13e année du gouvernement de Vahan le Mamigonien. Cf. Muralt, *Essai de chronographie byzantine*, p. 113.

(29) L'invention des reliques de saint Thaddée, de sainte Santoukhd, fille du roi Sanadroug et de celles de saint Grégoire l'Illuminateur est relatée dans les '*Aïsmavourk*' (Ménologe arménien), au 30 mai. Cette question d'hagiographie, qui donne lieu à quelques difficultés chronologiques a été discutée avec beaucoup de critique et de savoir par Tchamitch (*Hist. d'Arm*, liv. II, annot. 18, II, pp. 583-587), mais en restant encore sans solution.)

(30) Méjêj ou Majêj, dont le nom est transcrit par les Grecs, sous la forme Mezzizios ou Mézétios, était de la famille satrapale des Knounis, qui, à la cour des anciens rois arsacides, possédait la charge de grand échanson. Méjêj fut à la tête des affaires de l'Arménie comme lieutenant du roi de Perse pendant trente ans, de 518 à 548.

Un de ses descendants du même nom que lui, ayant été proclamé empereur par les habitants de Syracuse, Constantin Pogonat, marcha contre lui, le vainquit et le fit décapiter (668).

Cf. Tchamitch, annot. du livre III, t. II, p. 528 et Muralt, *Essai de Chronogr. byz.* p. 306.

(31) Ce synchronisme qui nous donne pour point initial de la grande ère arménienne l'année 551 de l'ère chrétienne, 11 juillet, a été amplement discuté dans nos *Recherches sur la chron. armén.* Chap. II, §§ 2 et 3.

(32) Dans le Ménologe et les divers auteurs arméniens le nom de ce martyr, qui était perse de naissance, est écrit sous des formes plus ou moins altérées ; la leçon correcte paraît être Yezd-Bouzid, du mot persan *yezd*, zend *yazata* « Dieu » et *bouzid*, c'est-à-dire, *excusé* ou *loué*, en sorte que ce nom composé pourrait signifier *excusé ou loué par Dieu*.

(33) Açogh'ig, à l'imitation d'Eusèbe de Césarée, plaçant la naissance du Christ une année avant la première de l'ère chrétienne usuelle, son chiffre 553 correspond en réalité à 552 de notre comput. En rétrogradant avec lui de 252 ans, nous avons 300 ou 301, comme date de l'établissement définitif du Christianisme dans l'Arménie.

(34) Sioun-Tzegh'oun, village du district de Kapegh'ian, province d'Ararad.

(35) Egh'ivart, village du district de Godaik', province d'Ararad.

(36) Sur l'église appelée la *cathédrale de l'Arménie*, voir ci-dessus, note 25 et chap. I, n. 27.

(37) Cyrion, archiprêtre de la cathédrale d'Edchmiadzin et chorévêque de la province d'Ararad, était un homme considérable par sa vertu et son savoir ; il possédait parfaitement quatre langues, l'arménien, le grec, le persan et le géorgien. Ayant été consacré catholicos de Géorgie par le patriarche d'Arménie Moïse, second du nom (551-594), il entraîna son clergé vers la foi de Chalcédoine, que rejetaient les Arméniens. Cette scission religieuse des deux nations produisit entre elles des dissentiments non seulement théologiques mais encore politiques et sociaux, qui ne sont point encore éteints de nos jours. Les Géorgiens, ralliés à l'Église grecque et par conséquent à l'Église russe, sont séparés depuis cette époque des Arméniens leurs voisins. ¡L'histoire de ce schisme a été retracée par un auteur du Xe siècle, Oukhthanès d'Edesse, dont l'ouvrage intiulé : *Histoire de l'Eglise*, a été retrouvée il y a quelques années, dans la riche et célèbre bibliothèque d'Edchmiadzin et imprimé à la typographie de ce monastère, 1871, in-12.

(38) Tên-Schaboup fut marzban ou préfet de l'Arménie pendant quatre ou cinq ans, 548-552.

(39) Le mot *fornication*, en arménien « schnouthioun » ou « bor'n-gouthioun, » est pris quelquefois dans le sens biblique d'*idolâtrie* et ici plus particulièrement avec l'acception de profession du magisme ou de la religion des Perses, alors maîtres de la plus grande partie de l'Arménie.

(40) Le marzban perse, Varaz-Tad, exerça ses fonctions pendant six ans, 558-564.

(41) Il est évidemment question d'une comète. L'apparition d'un astre de ce genre la plus rapprochée de l'époque où nous sommes ici placés, est celle qui eut lieu en 556, indiction V, d'après Malalas, 488,15 et Théophane, *Chronogr.*, an du monde 6049; cf. Muralt, *Essai de chronogr. byz.*, p. 211.

(42) Le marzban Sourên Djihr-Veschnasb, était, Arsacide de race, de la branche de Sourên-Bahlav. L'on voit par notre auteur que cette branche s'était alliée par mariage à la famille des Sassanides. Sourên, gouverna sept ans l'Arménie 564-571, jusqu'au moment où fatigué de ses excès de pouvoir Vartan le Mamigonien le tua à coups d'épée.

(43) La réunion de ces synchronismes m'a permis de fixer avec certitude l'année du meurtre du marzban Sourên Djihr-Veschnasb à 572. Voir mes *Rech. sur la chronol. arm.* p. 206.

(44) Cette assertion que à l'occasion de la visite que fit dans la ville impériale le général Vartan le Mamigonien, Justinien, donna le nom de *Porte des Arméniens*, à l'une des entrées de la grande église de Sainte-Sophie, ne se rencontre nulle part ailleurs que dans les auteurs arméniens. Procope dans son ouvrage *De Ædificiis Justiniani* (I, 1), et parmi les modernes, Gyllius (Gilles) (de topographia Cptana II, 4, *Descriptio templi Sophiæ*) ne disent pas un mot de ce fait.

(45) Le village d'Agh'patbanits était compris dans le district de Reschdounik', au sud du lac de Van, d'après l'historien Jean Catholicos et notre auteur; d'autres le plaçaient dans le district d'Abahounik', au nord de ce même lac. La première opinion a été adoptée par Indjidjian, *Arm. anc.*, p. 506.

(46) Le Sakasdan ou pays des Saces, nation Scythique le Sedjestan actuel, une des provinces orientales de la Perse. Ce nom est attribué quelquefois dans les livres arméniens au Mazandéran, région au sud de la mer Caspienne. D'après le contexte d'Açogh'ig, dans ce passage il semble que c'est la situation qu'il donne au Sakasdan.

(47) Cette colonie d'Arméniens, transplantée à l'extrémité nord-est de la Perse, sur le rivage méridional de la mer Caspienne, n'a pas

laissé de trace dans le pays où elle s'était établie ni dans les monuments historiques parvenus jusqu'à nous.

(48) L'expédition entreprise par le roi Khosrov II Pàrwêz contre l'empire byzantin sous le prétexte de venger sur Phocas le meurtre de Maurice et où il arriva jusqu'à Chalcédoine dont il s'empara, doit être rapportée à l'année 604-605. Dans cette guerre les Arméniens se firent les auxiliaires dévoués des Perses. Le général Aschod, fils de Sempad, saccagea l'Arménie grecque, prit la ville de Garin, d'où il enleva le patriarche Jean qui avait été institué par Maurice et le conduisit prisonnier à Ahmadan.

Le souverain pontificat commençait alors à être bifurqué comme il l'a toujours été depuis cette époque ; un autre patriarche, Abraham, résidait en même temps à Tevin, dans la partie orientale de l'Arménie soumise aux Perses.

(49) Guethridj ou Guitar'idj, bourg du district de Haschdiank', dans la province de Quatrième Arménie.·

(50) David Sahar'ouni, gouverna l'Arménie pour le roi de Perse depuis 601. Quelques années plus tard, il passa au service des Grecs, et l'empereur Héraclius le conserva dans ses fonctions, en lui décernant le titre de curopalate en 632 ; il les exerça trois ans environ, jusqu'en 635. Tchamitch, III, 54, t. II, p. 342.

(51) L'année 72 de l'ère arménienne où Açogh'ig fait commencer l'ère des Arabes correspond à l'intervalle écoulé du 24 juin 622 au 23 juin 623. On peut voir dans mes *Rech. sur la chronol. Arm.*, p. 210 et suiv., ce que les Arméniens entendent par l'Ère des Arabes dont ils placent le point initial de 611 à 624, tandis que les Arabes ont la date invariable du jeudi 15 juillet 622, comme Ère de l'Hégire.

(52) Agh'ts, bourg du district d'Arakadzoden, dans l'Ararad.

(53) Le docteur Jean Maïrakometsi, sacristain de l'église de Saint-Grégoire, se déclara contre le patriarche Esdras (Ezer) parce que celui-ci, dans une entrevue avec l'empereur Héraclius, à Garin (Théodosiopolis), s'était laissé entraîner à communier avec les Grecs et à reconnaître le concile de Chalcédoine. Ce rigide observateur de la foi arménienne fit secte un moment parmi le clergé de son pays. Des trois ouvrages de lui que mentionne notre auteur, aucun n'est arrivé jusqu'à nous. Cf. Tchamitch, t. II, p. 330-332 et annot. du livre III, pp. 541-544. Le troisième de ces ouvrages semble révéler par son titre, *Noïémag*, une composition dans le goût des Apocryphes de l'Ancien Testament.

(54) Le patriarche Christophe III (K'risdaph'or), originaire du district d'Abahoumk', descendait de la famille du catholicos Abraham, l'un de ses prédécesseurs. Il siégea de 625 à 628.

(55) Le patriarche Ezer (Esdras) siégea douze ans, de 628 à 640.

(56) Jean Mairakometsi qu'Açogh'g met ici en scène, interpelle le patriarche Esdras, en arménien Ezer, mot qui signifie *limite*, en faisant sur ce nom un jeu de mots. Il lui reproche d'avoir détruit la *limite* « ezer » de la foi orthodoxe, en se convertissant à la doctrine de Chalcédoine et en y poussant les Arméniens.

(57) C'est la lettre que le pape saint Léon Ier écrivit pour servir de règle de foi aux Pères du Concile œcuménique de Chalcédoine (451), contre le monophysisme de l'archimandrite Eutychès. Comme les doctrines eutychéennes avaient gagné les Arméniens, ceux-ci accusaient leurs adversaires de tomber dans l'erreur contraire et d'admettre avec Nestorius, la séparation des deux natures, divine et humaine en Jésus-Christ. C'est à ce point de vue que notre auteur essaie de flétrir la Lettre de saint Léon de l'épithète de *nestorienne*.

La liste nombreuse des lettres échangées par ce savant pontife avec l'empereur Marcien, l'impératrice Pulchérie, le patriarche de Constantinople, Flavien et la plupart des évêques orientaux, se trouve dans Ph. Labbe, *Conciliorum generalium*, etc., *historica synopsis*, Paris, 1661, in-4, pp. 43-51.

(58) Jean Maïrakometsi, réfractaire à l'autorité du patriarche Esdras, s'était retiré au district de Kartman, dans l'Albanie arménienne ; il y fut rejoint par Sarkis, son disciple, qui, enchérissant sur son maître, entreprit de faire revivre les erreurs de Julien d'Halicarnasse et de Sabellius. Tchamitch, annot. du livr. III, t. II, pp. 543-544.

(59) Théodore R'eschdouni ou R'ouschdouni, de la famille satrapale de ce nom, dont les domaines formaient une partie considérable de la province de Vasbouragan.

(60) Sin, ville et désert au sud de la Palestine, dans l'Arabie Pétrée. Il semble qu'Açogh'ig ait pris ici ce mot dans un sens géographique plus large et qu'il ait entendu toute la Péninsule arabique.

(61) Cette énumération des conquêtes des Arabes vers l'est et dans l'intérieur du continent asiatique aurait dû comprendre les pays au delà de l'Oxus, ainsi que le Turkestan jusqu'aux frontières de l'Empire chinois qu'ils atteignirent. Açogh'ig ne connaît pas non plus leurs invasions dans le Sind, où ils établirent cependant leur domination, encore moins dans la vallée du Gange, où ils portèrent leurs armes victorieuses, mais sans s'y fixer.

(62) Voir ci-dessus, note 57, p. 120.

(63) Gava (Kabadh, Cobadès), fils de Perozès (Beroz), régna d'abord onze ans, 493-504. Remplacé par son frère Dchamasp (Zamasphès), autre fils de Perozès, pendant quatre ans, 504-508 ; il remonta sur le trône et l'occupa encore trente ans, 508-538.

Suivant Agathias (IV, 24) et Malalas (471, 8), Gavad mourut la cinquième année de Justinien, indiction X, ce qui nous donne la date peu probable de la fin de 531.

(64) Khosrov (Chosroës II) Parwêz, fils d'Ormizt, régna trente-sept ans et cinq mois, 590-627.

(65) Sempad le Bagratide, gouverna l'Arménie comme marzban, au nom de Chosroës II; pendant huit ans, 593-801.

(66) Zacharie, évêque de Jérusalem, 609-629.

(67) Les sectateurs de Sévère d'Antioche, qui fonda la secte des Acéphales, eutychéens mitigés, sous le règne de l'empereur Léon Ier (457-474).

(68) Il est impossible de savoir de quel patriarche il est question dans ce passage. D'après la suite du contexte on pourrait croire que c'est Zacharie, patriarche de Jérusalem, alors captif en Perse, qui était catholique, par conséquent partisan du concile de Chalcédoine, et par suite avait pour adversaire les Arméniens monophysites.

(69) L'ouvrage d'Agathange, *Histoire de saint Grégoire l'Illuminateur* et de la conversion de la nation arménienne à la foi de l'Évangile, contient une longue exposition de la doctrine chrétienne dont purent se servir, comme livre dogmatique et de controverse les deux évêques arméniens Gomidas et Matthieu qui prirent part à la conférence théologique provoquée par le roi Chosroës II.

(70) Le catholicos Hanna doit être sans doute le patriarche alors siégeant des Nestoriens. Nous n'avons aucune indication sur son compte.

(71) L'Arouasdan correspond à la haute Mésopotamie ou Mésopotamie arménienne avec Neph'erguerd (Martyropolis), Dikranaguerd (Tigranocerte) ou Amid, Nisibe (Medzpin) pour principales villes.

(72) Le mot *chalcedonien* « kagh'guétonatsi » est dans le sens arménien une injure contre les catholiques qui admettent le concile de Chalcédoine.

(73) Notre auteur en disant que le roi Chosroès II, ordonna de pourvoir aux besoins des patriarches de Géorgie et d'Albanie, des évêques et des prêtres de l'Arménie grecque, réunis alors autour de lui et qui tous tenaient pour la foi de Chalcédoine, notre auteur semble attester l'impartialité de ce prince vis-à-vis des chrétiens de toutes les communions, ses sujets puisqu'il témoignait sa bienveillance au clergé du rite grec, tout en décrétant l'excellence et l'adoption de la croyance arménienne monophysite dans ses États.

(74) Le nom de ce métropolite ou archevêque, Gamgaiêschov, probablement l'un des chefs des Monophysites dans l'Assyrie, renferme deux éléments dont le second est facile à reconnaître, « *Ieshov* ou *Ieschou*, » Jésus en Syriaque et le second qui est tellement altéré qu'il est impossible de le restituer.

(75) L'année 75 de l'ère arménienne, coïncide avec l'intervalle du 23 juin 626 au 22 juin 627.

(76) Voir pour les premières invasions des Arabes en Arménie et la conquête de ce pays en 639-643, les récits des historiens arméniens, et entre autres de Sépêos et de Léonce le Prêtre, contemporains, dans mes *Recherches sur la chronologie arménienne*, t. I, p. 225-232.

(77) 95 de l'ère arménienne = (18 juin 646-17 juin 647).

(78) L'année arménienne 104 = (16 juin 655-14 juin 657).

(79) Ce khalife dont parle Açogh'ig, mais sans le nommer est Othman fils d'Affan, lequel avait succédé à Omar. Par sa faiblesse et ses prodigalités, par les faveurs qu'il prodiguait aux siens, ayant mécontenté tous les Musulmans, il fut assassiné à Médine en 655.

(80) Aroudj, bourg situé dans les gorges du mont Arakadz, au nord de la province d'Ararad.

(81) L'année arménienne 120 = (12 juin 671-10 juin 672).

(82) David dit de Tevin était perse de nation et de race royale, à ce qu'affirme sa légende, consignée dans le Ménologe arménien. Sa mère arménienne de naissance et originaire de la Persarménie était chrétienne. David étant venu du Khoraçan à Tevin, crut au Christ et reçut au baptême, en échange de son nom primitif de Sourhan, celui de David. Dénoncé à l'osdigan (préfet arabe) Abdallah, celui-ci le condamna à mourir sur une croix, en 142 de l'ère arménienne, le 23 du mois d'arek (31 mars 693). Sa mémoire est célébrée le même jour dans l'Église arménienne. Cf. J. B. Aucher *Vie des saints*, t. VI, p. 124-129, les historiens Guiragos et Jean Catholicos, dont les témoignages ont été résumés par Tchamitch, t. II, p. 376-377.

(83) Ananie de Schirag, célèbre computiste et mathématicien arménien du septième siècle. V. mes *Recherches sur la chronologie arménienne*, t. I, p. 183 et passim.

(84) V. sur la version arménienne de l'*Histoire ecclésiastique* de Socrate et sa continuation par le docteur Philon de Thirag, notre note 7 du chapitre premier du livre premier.

(85) L'année arménienne 130 = (9 juin 681-7 juin 687).

(86) L'année arménienne 135 = (8 juin 686-7 juin 687).

Chapitre III. — (1) Sur la chronologie des rois de Perse, Sassanides.

Toutes les listes des souverains de cette dynastie dressées jusqu'à présent par les chronographes et les historiens anciens ou modernes, présentent entre elles des divergences telles que l'on peut considérer ces listes comme inconciliables dans leurs détails, et il faut se contenter d'obtenir un ensemble chronologique à peu près exact. Dans les écrivains arméniens, byzantins, syriens et arabes, les synchronismes ne manquent pas, mais pour que ces indications pussent servir de base solide à des déterminations chronologiques certaines, il faudrait que, par elles-mêmes, elles eussent une valeur indiscutable et une fixité absolue. Sans vouloir entrer dans des recherches de chronologie comparée qui nous entraîneraient bien au delà du cadre que nous nous sommes imposé ici, et en les réservant pour un Mémoire spécial, nous nous bornerons à reproduire la liste de ces princes qui a le plus d'autorité, comme la plus ancienne de toutes, la liste d'Agathias le Scholastique, historien grec du vi^e siècle, par conséquent contemporain des Sassanides, et parce qu'elle a été puisée aux meilleures sources. Lui-même nous apprend en effet (iv, 24) qu'il avait consulté un Syrien, nommé Serge, attaché à la cour de Perse, en qualité d'interprète, au temps de Chosroès II, qui le tenait en grande estime. Serge avait demandé ses renseignements sur la succession date des règnes des Sassanides aux archivistes chargés de la garde des registres royaux et après avoir obtenu ces renseignements assez facilement, les avait communiqués au chroniqueur grec.

Dans les temps récents, la première des listes que nous puissions citer comme la plus savamment coordonnée est celle de Pétau, qui l'a insérée dans son *Rationarium temporum*, ouvrage plusieurs fois réimprimé (Cf. l'édit. de Leyde, in-8, 1724, t. III, p. 126), et d'où elle est passée dans tous les livres d'histoire et de chronologie qui ont vu le jour postérieurement et notamment dans Tillemont et Bossuet.

Plus tard, l'un des plus doctes chronologistes de nos jours, M. H. Fines Clinton, a donné dans ses *Fasti romani*, t. III, p. 126, une liste des Sassanides fondée sur les synchronismes de l'histoire romaine que lui a fournis l'auteur arabe Eutychius, patriarche melchite d'Alexandrie, lequel vivait dans la seconde moitié du ixe siècle et la première moitié du xe. Mais ces synchronismes, comme nous l'avons fait remarquer plus haut, qui auraient besoin eux-mêmes d'être justifiés, ne peuvent conduire qu'à des déterminations d'une fixité relative.

Dans l'Appendice ou *Excurse* que M. Th. Noldeke a joint à sa traduction de l'*Histoire des Sassanides* de Thabari (Leyde, 1879, in-8.) ce savant orientaliste a consacré quelques pages à la question chro-

nologique (pp. 399-435). Il a reproduit la liste d'Agathias, en la mettant en parallèle avec celle d'un écrivain syrien du septième au
huitième siècle, Jacques d'Édesse qui nous a été conservée par un autre
écrivain de la même nation, Elie de Nisibe, et qui paraît calquée sur
celle d'Agathias. A côté de la date de l'avènement de chaque souverain, calculée d'après l'ère des Séleucides (1er octobre 313 av. J.-C.),
M. Noldeke a placé la correspondance des années de l'ère chrétienne.
Mais ici se présente une observation, qui, je crois, n'est pas sans im-
portance. Le savant en question en prenant pour point fondamental
de ses déterminations chronologiques le 16 juin 632, date astronomique de l'ère dite d'Yezdedjerd III, aurait dû nous montrer d'abord
que cette date qui est probablement le résultat de quelque observation
céleste, destiné à servir de thème aux calculs des astronomes, que
cette date, disons-nous, est l'année historique vraie de l'avènement de
ce souverain. De là, remontant proleptiquement le cours des règnes
des prédécesseurs d'Yezdedjerd III, d'après les chiffres d'Agathias, il
arrive à fixer pour première année royale d'Ardeschir ou Artaxare Ier,
fondateur de la dynastie des Sassanides, le 26 septembre 226 de J.-C.
qu'il fait coïncider avec 528 de l'ère des Séleucides. Mais sur quoi
repose ce quantième mensuel du 26 septembre? Sur rien évidemment;
car il n'est prouvé par aucune donnée historique, ni par la comparaison
théorique des ères et des calendriers. Ici en effet ce n'est pas seulement
le calendrier solaire et réformé des Syromacédoniens et le calendrier
Julien romain qü'il y avait lieu de mettre en rapport l'un avec l'autre,
mais encore un troisième élément de comparaison, le calendrier de la
Perse, tel qu'il était en usage au temps des Sassanides. Il y a là une
équation à trois degrés, et l'un de ces degrés ne saurait être omis
sans rendre l'opération incomplète et fausse. On sait que la plus ancienne forme d'année employée non seulement en Perse, ainsi que chez
les Arméniens qui la conservent encore de nos jours, et probablement
chez tous les peuples de la Haute-Asie, mais aussi en Égypte, était
l'année vague de 365 jours sans fraction, qui évoluait dans un cycle
de 1,461 ans, cycle équivalant à 1,460 années de 365 jours un quart,
pour recommencer, au bout de cet intervalle, par le même point de
départ, marqué par quelque phénomène de la voûte céleste. On sait
aussi qu'une réforme fut faite en Perse dans ce système de division
du temps par l'intercalation d'un mois de 30 jours au retour de chaque
période de 120 ans, intercalation qui rétablissait l'ordre des mois en
accord avec les quatre phases cardinales de l'année tropique, les deux
solstices et les deux équinoxes. Quelle est celle des deux formes de
calendrier, l'ancienne, c'est-à-dire, celle qui se développait sans interruption dans toute l'étendue du grand cycle de 1,461 années vagues,

ou la forme modifiée par l'intercalation mensuelle, insérée douze fois dans le cours de ce même grand cycle? C'est-là une question qu'au siècle dernier se posait Fréret (*OEuvres complètes*, 20 vol. in-18, Paris, an IV-1796, t. XII, p. 65 et suiv. *De l'ancienne année des Perses*), et dont la sagacité et l'érudition de l'illustre savant n'ont pu venir à bout. Cette solution serait cependant nécessaire avant tout pour fixer la chronologie des Sassanides, par le calcul proleptique que M. Noldeke a imaginé.

Un des professeurs anglais les plus distingués de nos jours, M. Georges Rawlinson, dans un ouvrage intitulé : *The seventh great oriental monarchy*, London, 1876, in-8,) a reconstitué les annales des Sassanides, aussi complètement qu'il était possible de le faire aujourd'hui en réunissant et en mettant en œuvre toutes les notions éparses dans les auteurs orientaux, grecs et latins, et en éclaircissant quelques dates jusqu'ici incertaines.

Celles que l'on rencontre dans les monuments de la littérature arménienne, ont été l'objet d'un essai très intéressant, quoique un peu confus, de la part de M. Patkanof (Patcanian), professeur de langue arménienne à l'Université de Saint-Pétersbourg, essai publié en russe et plus tard traduit en français et inséré dans le *Journal asiatique* de 1866 (cahier de février-mars) par feu M. Évariste Prud'homme. La critique chronologique y laisse beaucoup à désirer.

Les études entreprises par M. Adrien de Longpérier et plus récemment par M. Mordtmann et Edward Thomas, sur la numismatique des Sassanides, très utiles pour le classement relatif des règnes, laissent de côté la détermination précise des dates.

En attendant que les résultats de ces travaux divers aient été condensés et coordonnés pour essayer d'en tirer des lumières nouvelles, et sans vouloir entrer ici dans l'examen technique mais préalablement nécessaire des méthodes de supputer le temps employées par les nations auxquelles appartiennent les historiens invoqués en témoignage, je me contenterai de placer sous les yeux du lecteur la liste d'Agathias, comme le point le plus sûr de comparaison que nous ayons avec toutes les listes subséquentes et notamment celles que nous devons aux historiens arméniens et dont nous donnons ci-après les plus curieuses et les plus autorisées.

LES SASSANIDES

I — D'APRÈS AGATHIAS

	Durée des règnes			Concordance avec les années de l'ère chrétienne
	ans	mois	jours	
1. Astaxare (Ardeschir) est reconnu comme souverain de la Perse l'an 538 d'Alexandre de Macédoine, la 4e année d'Alexandre, fils de Mammée, empereur des Romains	14	10	»	225
2. Saporès, fils d'Astaxare	31	»	»	240
3. Hormisdatès, fils de Saporès	1	»	10	271
4. Vararanès	3	»	»	272
5. Vararanès, fils de Vararanès	17	»	»	275
6. Vararanès Segansaa (Vahram Sakan Sichah)	»	4	»	292
7. Narsès	7	5	»	292
8. Hormisdatès, fils de Narsès	7	5	»	301
9. Saporès	70	»	»	316
10. Artaxerxès, frère de Saporès	4	»	»	386
11. Saporès, fils d'Artaxerxès	5	»	»	391
12. Vararanès, fils de Saporès, dit Kermansaa (Kirman-Schah)	11	»	»	396
13. Isdigerdès, fils de Saporès	21	»	»	407
14. Vararanès, fils d'Isdigerdès	20	»	»	428
15. Isdigerdès, fils de Vararanès	17	4	»	448
16. Perozès	24	»	»	465
17. Obalas (Valarsch), frère de Perozès	4	»	»	489
18. Cabadès, fils de Perozès, 1er règne	11	»	»	493
19. Zamasphès (Dchamasp), fils de Perozès	4	»	»	504
20. Cabadès, restauré	30	»	»	508 (1)
21. Chosroès, frère de Cabadès	48	»	»	538-586

Si à l'année 508 on ajoute les 30 ans du second règne de Cabadès Ier, on aura pour l'époque de sa mort 537 ou 538 ; mais Agathias fixe à la sixième année de Justinien, la mort de Cabadès, en anticipant cet événement au moins de cinq ans, puisque la sixième année de Justinien, indiction XI, correspond à septembre 632-633. Ce synchronisme est vicieux le chiffre qu'il énonce étant en contradiction avec celui qui se déduit de la succession des règnes dans ce même Agathias.

II. D'APRÈS LAZARE DE PH'ARBE, Ve SIÈCLE

Schabouh   (1).
Yazguerd; il règne peu de temps.
Vr'am, fils de Yazguerd 1.
Yazguerd, second du nom.
Béroz.
Vagh'arsch, frère de Béroz.

III. D'APRÈS AÇOGH'IG, Xe SIÈCLE

L'abréviation *ms.* indique l'exemplaire manuscrit que possède la Bibliothèque nationale, Supplément arménien n°s 80 et 99, et l'abréviation *éd.* représente l'édition publiée à Paris par feu l'archimandrite Garabed Schahnazarian, in-12 (sans date, mais vers 1852 à 1854.)

Ardaschir Ier.................... règne 40 ans.
Schabouh Ier................   53 (ms.) — 23 (éd.).
Nerseh...................   14
Ormizt Ier..................   3
Schabouh II................   58
Ardaschir II   3
Vr'am Guerman.............   11
Yazguerd Ier ....   1 (ms.) — 20 (éd.).
Vr'am.....................   2 (ms.) — 22 (éd.).
Yazguerd II, Dchakhdchakh ou
   le Fracasseur............   29 (ms.) — 19 (éd.).
Béroz......................   27
Vagh'arsch.................   4
Gavad Ier.................   11
Dchamasb.................   2 (ms.) — 4 (éd.).
Gavad Ier, de nouveau........   41 (ms.) — 31 (éd.).
Khosrov Ier ....   47 (ms.) — 48 (éd.).
Ormizt II..................   12
Khosrov II.................
Gavad (Schero ou Siroës).....   6 (ms.) — 2 ans (éd.).
Ardaschir III.
Khor'em.
Peporn, sa femme, fille de Khosrov II.
Ormizt, petit-fils de Khosrov II.
Yazguerd III, autre petit-fils de Khosrov II.

(1) Vahram ou Vararanès, dit Kirman-Schah, fils de Schabouh (Sapor) est omis ici.

IV. D'APRÈS THOMAS ARDZROUNI, HISTORIEN DE LA FAMILLE
STRAPALE ET ROYALE DES ARDZROUNIS, Xᵉ SIÈCLE
(LES DERNIERS SASSANIDES)

Khor'em, tué au milieu de ses troupes.

Por, fille de Khosrov II, femme de Khor'em, appelée Pampisch
(Reine). Elle règne 2 ans et cesse de vivre.

Khosrov, tout enfant, mort bientôt après.

{ Azarmig, fille de Khosrov.
{ Ormezt, créé roi par les troupes de Khor'em, à Medzpin (Nisibe).

Yazguerd, à Dizpon (Ctésiphon).

V. D'APRÈS MICHEL LE SYRIEN COMPARÉ AVEC LE CHRONOGRAPHE
GREC, THÉOPHANE.
(LES DERNIERS SASSANIDES)

Michel	Théophale
Schirin, 9 mois.	634. Siroës, 1 an.
Ardaschir, son fils, 2 ans.	635. Adeser ou Artaxerxès III, son fils, 7 mois.
Schahr-Baz, 1 an.	635. Sarbarazas, 2 mois.
Bahram, fille de Khosrov, quelques jours.	636. Borane, fille de Chosroës, 7 mois.
Zarmantoukh, sa sœur	
Scharori,	
Tapouran-Khosrov,	
Beroz, } 2 ans.	
Zerwantoukhd,	
Ormezt,	636. Hormizdas III, 11 ans.
Azdadjad.	

Voir mon Mémoire intitulé : *Extrait de la Chronique de Michel le
Syrien* dans le *Journal asiatique,* année 1849, p. 94 du tirage à part.

TABLEAU SYNCHRONIQUE DES ARSACIDES DE PERSE, DES ARSACIDES
D'ARMÉNIE ET DES PREMIERS SASSANIDES
D'APRÈS L'*Histoire d'Arménie* DE MOÏSE DE KHOREN.

(N. B. — *Les chiffres romains indiquent le livre, les chiffres arabes,
le chapitre.*)

II, 1 et 2 Arschag (Arsace), dit le brave, règne en Perse, 31 ans.
    Ardaschès, son fils,   —   26 ans.
    Arschag, le Grand,   —   53 ans.
    Vagh'arschag, établi roi d'Arménie par son frère aîné.
    Arschag, le Grand, 22 ans. Il meurt à Medzpin (Nisibe).

II, 9 Arschag, son fils, 13 ans ; sa treizième année correspond
    à la première d'Arschagan, roi de Perse (II. 68).

II, 11 et 12 Ardaschès Ier, règne la 24e année d'Arschagan, roi de
    Perse ; il défait Crésus, roi de Lydie ; ses conquêtes en
    Grèce.

» 14 Dikran (Tigrane), fils d'Ardaschès, 19e année d'Arschagan,
    roi de Perse. — Mithridate le Grand, Pompée, Tigrne
    défait Crassus (II, 17).

» 22 Ardavazd (Artabaze), fait prisonnier par Marc-Antoine.
    Arscham, fils d'Ardaschès, frère de Dikran, et père
    d'Abgar ; 20e et dernière année d'Arschez, roi de Perse.

» 26 Abgar, fils d'Arscham, la 20e année d'Arschavir, roi de
    Perse ; il règne 38 ans.
    Mort d'Auguste. Avènement de Tibère. Abgar, contem-
    porain d'Ardaschès, fils d'Arschavis, roi de Perse.
    Ananoun, fils d'Abgar.

» 36 Sanadroug. fils d'Otê, sœur d'Abgar ; il règne la 12^e
    année d'Ardaschès, roi de Perse, 30 ans.

» 37 Erouant, la 8e année de Darius, dernier du nom, roi de
    Perse ; il règne 20 ans (II, 46). — Vespasien et Titus
    (II, 38).

» 47 Ardaschès, la 29e année du dernier Darius.

» 53 Anchag, dernier du nom, roi de Perse.
    Ardaschès, roi de Perse, placé sur le trône par son homo-
    nyme, Ardaschès, roi d'Arménie.
    Domitien. Nerva (II, 54). Trajan (II, 55).

» 61 Ardavazd (Artabaze), fils d'Ardaschès règne quelques
    jours.

» 62 Diran, autre fils d'Ardaschès, 3e année de Béroz, roi de
    Perse.

» 64 Dikran (Tigrane), dernier du nom, frère de Diran, 24^e
    année de Béroz, roi de Perse.

» 65 Vagh'arsch, fils de Dikran, 32e année de Vagh'arsch, roi
    de Perse ; il règne 20 ans.

» 68 Arschagan, 13e année de Vagh'arschag, roi d'Arménie ; il
    règne 30 ans.
    Khosrov, fils de Vagh'arsch, 3e année d'(Artaban), roi de
    Perse ; il règne 48 ans.

»	72	Khosrov implore le secours de Philippe, empereur des Romains, contre Ardaschir, fils de Sassan.
»	82,92	Dertad (Tiridate) fils de Khosrov, 3e année de Dioclétien.
III,	8	Khosrov, dit le petit-fils de Tiridate, 8e année de l'empereur Constance, 2e d'Ormizd II, roi de Perse ; il règne 9 ans.
»	11	Diran, fils de Khosrov, placé sur le trône par l'empereur Constance, fils de Constantin, la 17e année de son règne. Mort du patriarche d'Arménie, Verthanès, la 3e année de Diran. Son fils Yousig lui succède la 4e année de Diran. et siège 6 ans.
»	12	Mort de l'empereur Constance, après un règne de 23 ans.
»	13	Ph'ar-Nerseh, patriarche d'Arménie, la 10e année de Diran, il siège 4 ans.
»	17	Diran, règne 11 ans ; il est privé de la vue par Schabouh (Sapor II), roi de Perse.
»	18	Arschag, fils de Diran. La 3e année d'Arschag, Nersès le Grand, fils d'Athanakinès est fait patriarche d'Arménie. Valentinien, Valens et Gratien, Théodose Ier (III, 18 à 30). Arschag, règne 30 ans (III, 35).
»	36	Bab, fils d'Arschag, placé par Théodose II sur le trône ; il règne 7 ans.
»	40	Varaztad, 20e année de Théodose II, 55e année de Schabouh (Sapor II), roi de Perse ; il règne 4 ans. Zavên, patriarche d'Arménie, la 10e année de Varaztad ; il siège 4 ans.
»	41	Arschag et Vagh'arschag, fils de Varaztad, placés sur le trône par l'empereur Théodose. Asbouraguès, patriarche d'Arménie, 2e année d'Arschag ; il siège 5 ans.
»	42	Partage de l'Arménie entre les Grecs et les Perses.
»	46	Khosrov règne 5 ans sur toute l'Arménie et deux ans et demi sur la moitié du pays, dévolue au roi de Perse.
»	49	Isaac (Sahag), fils de Nersès le Grand, établi patriarche par Khosrov.
»	50	V'ram Schabouh, créé roi par Ardaschir, à la place de Khosrov ; il règne 21 ans.
»	55	Yazguerd, roi de Perse.
»	58	Ardaschir, fils de V'ram Schabouh, 6 ans. Extinction du royaume d'Arménie et amoindrissement du patriarcat.

III 64   Perkischo ou mieux Abd-Ischo', fait patriarche d'Arménie
              par ordre de V'ram (Behram Gour), roi de Perse ; il
              siège 3 ans.

Chapitre IV — (1) Les Khalifes, Amir-almouménin des Arabes
(Dadjigs).

I. d'après l'historien Léonce le prêtre, VIIIᵉ siècle.

Mahomet, 20 ans

Aboubekr
Omar   } 38 ans, 21ᵉ année de l'empereur Héraclius (6 oc-
Othman   )   tobre 630-631).

OMMEÏYADES.

Moawiyah, 19 ans et 4 mois.
  Sa première année correspond à la 25ᵉ de Constant, petit-fils d'Hé-
    racIius (666, indiction IX). — Cette même année Théodose Resch-
    douni est destitué par Constant de ses fonctions de gouverneur
    de l'Arménie et remplacé par Sempad, Bagratide. En la 2ᵉ année
    de Moawiyah, celui-ci nomme comme préfet de l'Arménie, Gré-
    goire Mamigonien.
Yézid, fils de Moawiyah, 2 ans et 5 mois.
Abd-almélik, fils de Merwan.
  A partir de sa 2ᵉ année, l'empire arabe est livré à des troubles et à
    des déchirements qui durent 3 ans. Les Arméniens, les Géorgiens
    et les Agh'ouans cessent de payer tribut, après avoir été assu-
    jettis pendant 30 ans.
  La 4ᵉ année d'Abd-almélik, les Khazirs envahissent l'Arménie, tuent
    Grégoire Mamigonien, dans les engagements qui furent livrés, pil-
    lent le pays et s'en retournent chez eux avec leur butin.
  Sempad, Curopalate, combat les Arabes et les défait.
Walid, fils d'Abd-Almélik, 10 ans et 8 mois.
Souleyman, 2 ans et 8 mois.
Omar, 2 ans et 5 mois.
Yézid, 6 ans ; il fait abattre les croix, détruire les images et tuer tous
    les porcs.
Scham appelé aussi Heschem (Hescham), 19 ans.
Walid, 1 an et 6 mois, tué par les siens avec son fils.
Souleyman, de la même race royale.
Merwan, après avoir quitté l'Arménie, marche contre Souleyman,
    pour venger le meurtre de Walid et du fils de ce dernier ; un combat

a lieu, près de Damas, dans le lieu nommé Rousaph'.

Merwân est vainqueur et tue Souleymân ; il règne 6 ans.

Il périt dans sa sixième année. Fin de la dynastie des Ommeïyades.

ABBASSIDES.

Abdallah, 3 ans.

Abdallah II, son frère, 22 ans.

L'année de la mort d'Abdallah II, coincide avec celle de la mort de l'empereur Constantin [Copronyme] (775), lequel a pour successeur Léon IV, dit le Khazare.

Mohammed Mahdi, fils du précédent, 18 ans.

En sa 7e année, meurt Constantin Copronyme (8 septembre 780), auquel succède son fils Constantin VI avec Irène.

Mousê, fils de Mahdi, 1 an.

Aharon (Haroun-Alraschid), fils de Mahdi et frère de Mousê.

II. — D'APRÈS THOMAS ARDZROUNI

Mahomet, 20 ans.

Aboubekr, 2 ans.

Omar, fils de Khattab, 20 ans, 6 mois.

OMMEÏADES.

Moawiyah, 20 ans et 3 mois.

Guerre entre Ali, fils d'Aboudalb (Abou-Thaleb et Moawyah), pendant 5 ans et 3 mois.

Yézid, fils de Moawiyah, 3 ans et 3 mois.

Abd-almélik, fils de Merwan, 21 ans.

Opposition et guerre d'Abdallah, fils de Zobéir, pendant 2 ans et 3 mois ; maux qui en résultent pour l'Arménie.

Walid, fils d'Abd-almélik, 10 ans.

Il fait périr dans les flammes les nobles et les chefs arméniens à Nakhdjavan et dans le bourg de Khram.

Soleyman, fils d'Abd-almelik, 3 ans.

Omar, fils d'Abd-alaziz, 3 ans ; il adresse une lettre à l'empereur Léon l'Isaurien.

Yézid, 6 ans.

Hescham, 19 ans.

Walid, 2 ans.

Merwân, 6 ans.

ABBASSIDES.

Abdallah, 3 ans.

Abdallah II, 22 ans.

Mahdi, 10 ans.

Mohammed, fils de Mahdi, 8 ans.

Mousa, 1 an.

Aharon (Haroun-alraschid), 5 ans.

Mohammed, fils d'Aharon et de sa femme Zobeïdah, 4 ans.

Mamoun (Maimoun), frère de Mohammed, 21 ans.

Ishak, fils de Mohammed, 9 ans.

Aharon, fils de Mohammed, 5 ans et 6 mois.

Dja'far Motewakkel (Dchaph'r Mothawkl, 17 ans ; vers 300 de l'ère
arménienne (28 avril 851, — 26 avril 852).

Chapitre **V.** — (1) Ce chapitre est une répétition abrégée du
précédent, comme on peut s'en assurer par une comparaison de
l'un à l'autre. Qu'il soit une addition de l'auteur lui-même et
non une interpolation de copiste, c'est ce que nous inclinons à
croire, puisque ce même chapitre est annoncé et compris dans le
sommaire placé en tête du Livre second, et que ce sommaire comme les
deux autres, du Livre Ier et du Livre II, entre dans le plan général et
fait partie essentielle de l'ouvrage original. Peut-être est-ce un docu-
ment que l'auteur avait inséré dans une première rédaction de son
ouvrage en attendant de le fondre dans un remaniement ultérieur
avec le chapitre V qui traite du même sujet. Il dit l'avoir emprunté
à un autre historien*aylmé badmakrê*, mais lequel? C'est ce qu'il nous
laisse ignorer et aucun des autres auteurs arméniens que nous possédons aujourd'hui ne nous offre un texte pareil. Quoiqu'il en soit, ce
chapitre ainsi que la fin du IVe, à partir de ces mots : *il fit apposer
un sceau de plomb*, p. 162 et tout le sixième manquent dans l'édition
de l'archimandrite Schahnazarian, publiée sur un manuscrit de la Bibliothèque patriarcale d'Edchmiadzin. Nous avons comblé cette lacune et
complété l'ouvrage d'Açogh'ig qui paraît pour la première fois dans
son entier, d'après un manuscrit de la Bibliothèque de Saint-Lazare à
Venise et grâce à la bienveillante communication des savants religieux de ce monastère. M. Emin de Moscou, qui a connu ces fragments par une copie assez imparfaite qui lui en avait été envoyée de
Paris. après avoir terminé sa traduction russe de notre auteur en avoir
achevé l'impression, les a donnés sous forme d'addition, *prilojénié*, à
la fin de son ouvrage. (Moscou, 1864, in-8, pp. 323-335).